잠언,
지혜를
말하다

당신이 하나님을 더 깊이 알아 가고 더 널리 알리는 사람이 되는 것, 이 책에 담긴 예수전도단의 마음입니다. 말씀을 통해 저자가 깨닫고, 원고를 통해 저희가 누릴 수 있었던 그 감동이 책을 통해 당신에게도 전해지기 원합니다. 그리고 당신을 통해 그 기쁨과 은혜가 더 많은 이들에게 계속해서 흘러가기를 기도하겠습니다. 이 책을 통해 당신이 받은 은혜를 다른 분들에게도 나눠 주십시오. 사랑하고 축복합니다.

잠언, 지혜를 말하다

민찬기 지음

예수전도단

들어가며

일전에 주행 거리가 33만 킬로미터인 중고차를 구매한 적이 있다. 구입 당시 적지 않은 주행거리였지만 수리의 필요성을 크게 느끼질 못했다. 그런데 1년 정도 지날 즈음 차량 엔진에 이상이 생겨 정비소를 찾아갔더니, 기름때가 엔진 내부를 가득 메우고 있다는 것이다. 알고 보니 수년 동안 엔진오일을 한 번도 교체한 적이 없는 차량이었다. 결국 비싼 대가를 치를 수밖에 없었다.

우리가 차량 사용설명서를 무시하거나 변경할 수 없듯이, 인간은 하나님이 주신 인생 사용설명서, 즉 성경 말씀을 무시하거나 변경할 수 없다. 설명서는 사용자의 유익과 편의를 위해 제공되는 것이다. 물건을 제조한 사람은 그것이 어떻게 작동하는지, 또 어떻게 해야 잦은 고장 없이 쓸 수 있는지에 대해 잘 알고 있다. 마찬가지로 이 세상을 창조하신 하나님은 우리가 이 세상을 어떻게 살아가야 하는지에 대해 잘 알고 계시고, 그에 대한 소중한 정보들을 성경에 기록해 놓으셨다.

차가 고장이 나거나 문제가 생겼을 경우를 보면, 대부분 차량 소유자가 사용설명서를 무시하거나 소홀히 여겼기 때문이다. 우리 인생이 어딘가 고장이 났다면, 그건 바로 하나님의 말씀을 멀리하고 따르지 않았기 때문이다.

솔로몬은 잠언 후반부에서 효과적인 자기 관리를 위해 훈계라는 것이 모든 인생에 있어서 반드시 필요한 것임을 역설하고 있다. 그런데 문제는 '어떻게 자기 훈련을 해야 하는가'하는 것이다. 그것은 상점에서 물건 구입하는 것처럼 쉽게 얻을 수 있는 것이 아니다. 그렇다고 피할 수 있는 것도 아니다. 운전을 잘하기 위해서 많은 연수와 경험이 필요하듯, 우리 인생도 훈련이 없이는 결코 바르게 나아갈 수가 없는 법이다.

이 자기 훈련에 대해서, 잠언은 한 가지 방법을 일러준다. 가장 쉬운 방법은 밥상머리 앞에서 부모님에게 귀에 못이 박히도록 가훈처럼 하나님의 말씀을 듣는 것이다. 물론 이 책을 읽는 대부분의 독자들은 나의 경우와 마찬가지로 그런 훈련이 되어 있지 않을 것이다. 그래서 잠언은 우리를 위해 몇 가지 요점을 제시하고 있다.

첫 번째, 훈계 받는 것을 '좋아해야' 한다. 솔로몬이 말했다.

> 훈계를 좋아하는 자는 지식을 좋아하나니 징계를 싫어하는 자는 짐승과 같으니라
>
> **(잠 12:1)**

우리는 스스로에게 훈련이 필요하다는 사실을 먼저 직시해야만 한다. 그것은 인생 성공의 첫 단추다. 그리고 그에 대한 대가를 치러야 한다는 것 또한 알아야 한다. 스스로에게 '인생의 목표'가 무엇인지 물어보라. 그 다음 그에 대한 대가를 치르고자 하는 열의가 있는지 확인해 보라. 만약 이런 열망이 없다면, 결코 그 목표는 이룰 수 없을 것이다. 대가 없는 결과는 없기 때문이다.

다음으로 하나님의 지혜 학교에서 훈련을 받아야 한다(잠 3:11-12). 하나님은 아들을 사랑하는 아버지와 같이 당신을 사랑하신다. 그분은 당신이 더욱 그리스도를 닮아 가기를 원하신다(히 12:5-11).

마지막으로, 우리의 삶 가운데 일어나는 하나님의 역사하심에 순종해야 한다. 빌립보서 2장 13절은 이렇게 말한다.

> 너희 안에서 행하시는 이는 하나님이시니 자기의 기쁘신 뜻을 위하여 너희로 소원을 두고 행하게 하시나니(빌 2:13)

하나님은 먼저 당신 안에 소원을 두신다. 그 후에 당신은 그 소원에 따라 살아가야 하는 것이다.

그리고 바울은 그 거룩한 소원을 가진 이들에게 이렇게 말한다.

> 운동장에서 달음질하는 자들이 다 달릴지라도 오직 상을 받는 사람은 한 사람인 줄을 너희가 알지 못하느냐 너희도 상을 받도록 이와 같이 달음질하라(고전9:24)

> 그러므로 나는 달음질하기를 향방 없는 것 같이 아니하고 싸우기를 허공을 치는 것 같이 아니하며 내가 내 몸을 쳐 복종하게 함은 내가 남에게 전파한 후에 자신이 도리어 버림을 당할까 두려워함이로다(고전 9:26-27)

아직 '지혜'의 학교에서 '순종'의 훈련을 받은 적이 없다면, 이 훈련을 먼저 받고 지혜를 깨달은 삶의 영적 권위자들과 친구들에게 도움을 받는 것도 좋은 방법이 될 수 있다. 주님은 결코 우리 혼자 이 모든 일을 할 수 있게 만들지 않으셨다. 다른 성도들과 함께 도움을 주고받으며 좋은 롤 모델의 삶을 통해 적절한 도전을 받으면서 성장하도록 하기 위함이다.

우리는 다른 성도들의 삶을 통해서 적절히 도전 받을 때 잘 성장할 수 있다. 그들은 우리가 성장하는 것을 돕기 위해 필요한 것을 줄 수 있고, 또한 좋은 롤 모델이 되어줄 수 있다.

지혜의 학교에서 훈련을 받기 위해서는, 먼저 우리는 자신을 스스로 돌아보아 회개함으로써 이 훈련에 동참해야 하고, 경건의 훈련(성경을 읽거나, 기도하거나, 예배를 드리는 등)과 인격의 훈련에 최선을 다해 임해야 한다. 그리고 우리의 성장을 돕기 위해 수고하는 영적 지도자들의 말에 귀 기울여 순종해야 한다. 그러나 동시에 우리는 하나님의 도우심이 없이는 결코 온전한 훈련을 이뤄나갈 수 없음을 기억해야 한다. 다시 말해 하나님께서 친히 우리 안에 성숙을 이루시고 성령의 열매를 맺게 하시기까지 그분을 기다려야 한다(갈 5:22-23).

깊은 협곡이나 골짜기 위해 현수교를 놓을 때, 기술자들은 가장 먼저 협곡을 가로질러 연을 날리거나 화살을 쏜다. 화살 끝에는 매우 얇은 끈이 매여 있어 협곡 이쪽과 저쪽을 연결해 준다. 그 끈을 통해 협곡 위로 줄을 가로지르게 연결한 후, 그 줄을 통해 점점 굵은 밧줄을 끌어당긴다. 그리고 굵은 밧줄은 쇠줄에 연결되고, 마침내 쇠줄은 더 굵은 케이블로 연결된다. 기술자들은 이 케이블을 수십 겹으로 꼰 후 양쪽에서 잡아당겨서 그 위에 든든한 다리를 세우게 되는 것이다.

우리도 처음에는 아주 가느다란 실을 연결하는 것처럼 미약한 수준에서 출발하지만, 지속적으로 영적 선배들의 지도를 받으며 훈련에 꾸준히 임한다면, 하나님께서 반드시 우리의 능력을 든든한 교각처럼 극대화해 주실 것이다. 우리의 삶이 이러한 기본에만 충실할 수 있다면, 하나님은 반드시 우리에게 더 많은 유익을 허락해 주실 것이다(마 15:14-23).

2018년, 2월
민찬기

차례

들어가며 • 4

◇ 잠언 5장 탕녀에게 마음을 쏟지 말라 • 13

1절-6절 음녀의 유혹에서 떠나라 • 15

7절-14절 음녀를 멀리하라 • 21

15절-23절 너의 샘으로 복되게 하라 • 31

◇ 잠언 6장 일상생활 속에서 지혜자가 경계할 일들 • 39

1절-5절 경솔한 보증에 대하여 • 41

6절-11절 게으른 자와 개미 • 48

12절-19절 보편적 악행에 대한 경고 • 57

20절-21절 잠언에서 말하는 부모 공경 • 66

22절-35절 지혜를 반려자로 삼아라 • 69

◇ 잠언 7장 청년들아 음녀의 길을 경계하라 • 87

1절-5절 말씀이 너를 지키리라 • 89

6절-27절 음녀를 조심하라 • 96

◇ 잠언 8장 지혜의 우월성 • 123

1절-11절 지혜는 진주보다 나으므로 • 125

12절-21절 지혜의 초청 • 137

22절-31절 하나님 곁의 지혜 • 153

32절-36절 나를 얻는 자와 잃는 자 • 169

◇ 잠언 9장 지혜의 초청 vs 미련함의 초청 • 179

1절-6절 지혜가 준비한 향연 • 181

7절-12절 여호와를 경외하는 것 • 188

13절-18절 유혹의 사슬을 피하라 • 200

◇ 잠언 10장 의인과 악인의 근본적 차이 • 209

1절-8절 대조적인 두 부류의 사람 • 211

9절-27절 바른 길로 행하는 자 • 225

28절-32절 꿈의 보상과 삶의 태도 • 247

참고문헌 • 254

잠언 5장

탕녀에게 마음을 쏟지 말라

솔로몬은 성적인 유혹에 넘어가지 말 것을 아들에게 경고하면서 유혹을 받을 때 이겨내라고 말한다. 솔로몬의 경고는 지금도 유효하다. 과거에 그랬던 것처럼 사람은 지금도 유혹에 약하기 때문이다. 만약 현대의 부모들이 성적 유혹에 직면하게 될 자기 자녀들로 하여금 미리 준비하도록 도와주지 않는다면, 그것은 커다란 위험 가운데 자녀들을 무방비 상태로 노출시키는 것이다. 이런 의미에서 잠언 연구는 이전의 그 어떤 방법보다 중요하고 유익한 과정이다.

지혜로운 부모의 관심은 아들이 난잡한 성문화의 유혹에서 벗어나는 것이다. 잠언 5장에서, 지혜로운 아버지는 음녀에 대해 몇 차례에 걸쳐 경고한다. 생명을 주는 지혜와 대조적으로, 음녀는 지혜를 흐리게 하는 해악만을 준다. 음녀는 암을 '열로 인한 수포'로 부르고, 천연두를 '여드름'으로, 콜레라를 '두통'으로 부르는 거짓 의사와 같다.

지혜로운 교사인 아버지는 아들에게 경고의 메시지를 전한다. 고대 당시에 '음란'에 관한 경고는 고대국가의 '기본' 교훈 중 하나였다. 지혜는 제사의례의 창녀와 종족의례의 한 부분으로서의 창녀를 인정하던 고대의 다른 지혜문헌들과 달리 고도의 도덕성을 강조한다는 점에서 탁월함을 보여준다.

사탄은 유혹의 미끼를 놓고 영혼을 사냥한다. 음녀의 특별한 은사는 입술로 꿀을 떨어뜨린다는 것이다. 물론 그것은 금방 뜯은 쑥과 같이 쓰게 될 것이다. 몰래 먹는 떡이 맛있다고 여기는 사람들도 있지만 그것은 어디까지나 함정이다. 그렇기 때문에 지혜자는 절제하고 근신하며 모든 것을 삼갈 줄 알아야 한다는 것을 강조한다.

잠 5:1-6

음녀의 유혹에서 떠나라

내 아들아 내 지혜에 주의하며 내 명철에 네 귀를 기울여서 근신을 지키며 네 입술로 지식을 지키도록 하라 대저 음녀의 입술은 꿀을 떨어뜨리며 그의 입은 기름보다 미끄러우나 나중은 쑥 같이 쓰고 두 날 가진 칼 같이 날카로우며 그의 발은 사지로 내려가며 그의 걸음은 스올로 나아가나니 그는 생명의 평탄한 길을 찾지 못하며 자기 길이 든든하지 못하여도 그것을 깨닫지 못하느니라

1절 **내 아들아 내 지혜에 주의하며 내 명철[1]에 네 귀를 기울여서**

1. '명철'(תְּבוּנָה : 테부나) : '분별하다', '이해하다'라는 의미의 동사 '빈'(בִּין)에서 유래한 명사로서 '통찰력', '아는 능력'을 말한다.

지혜자의 훈계에 대한 주의를 요구하는 이 말씀은 본서 9장까지 훈계의 내용이 바뀔 때마다 반복적으로 나타나는 상용어구이다. '내 지혜', '내 명철'이란 단어는 훈계의 궁극적 목적이 뭔가를 분명히 제시함으로서, 본서의 주요 저자인 솔로몬이 자신의 경험을 바탕으로 습득한

지혜의 중요성을 강조하는 표현이다.

지혜와 명철의 근원은 하나님이다. 지혜와 명철을 얻으려면 하나님을 두려워하며 그의 말씀에 귀 기울여 순종해야 한다.

2절 **근신을 지키며 네 입술[1]로 지식을 지키도록 하라**

1. '입술'(שָׂפָה : 사파) : 입술은 언어의 문이며 선과 악의 문이기 때문에, 지혜로운 자는 입술을 통하여 지혜를 내고 악한 자는 입술을 통하여 악을 쏟아내는 것으로 묘사된다.

지혜의 훈계에 주의해야 할 이유와 그에 따른 결과를 말한다. 지혜의 훈계를 경청한 사람은 경거망동하지 말고 신중한 생활로써 악을 피하고 의로움을 좇아야 한다. 네 입술로 지식을 지키라는 것은 '네 입술로 지혜의 교훈을 보존하는 지식을 지키라'는 의미 혹은 '하나님의 지식으로부터 나오지 않는 어떠한 말도 네 입술에 담지 말라'는 의미를 담고 있다.

3절 **대저 음녀의 입술은 꿀을 떨어뜨리며**
그의 입은 기름보다 미끄러우나

지혜를 얻는 데 요구되는 윤리적 생활을 일깨우는 말씀이다. 젊은 이들이 쉽게 유혹 받는 음녀의 모습을 통해 사탄의 유혹이 얼마나 간교하고 달콤한가를 암시하는데, 흔히 구약성경에서 음녀는 악의 대표적 상징으로 나타난다.

'꿀'이란 깊은 산 속에서 나는 가장 순수한 꿀이며, '기름'은 여자들이 몸을 치장할 때 쓰는 향유를 말한다. 이는 모두 사람을 현혹시키는 음녀의 유혹적인 말을 묘사하는 비유적 표현이다. 참 지혜를 소유하지 못한 자가 음녀의 달콤하고 자극적인 유혹을 뿌리치기란 매우 어려움을 보여주고 있다.

4절 **나중은 쑥[1] 같이 쓰고 두 날 가진 칼 같이 날카로우며**

1. '쑥'(לַעֲנָה : 라아나) : '저주하다'라는 의미의 동사 '라안'(לען)에서 유래한 명사로서 비유적인 의미로 사용되며 '왜곡된 정의'나 '우상숭배의 결과', '하나님의 심판'등을 묘사한다.

3절에 언급된 음녀의 달콤한 말에 현혹되는 자가 당하는 비참한 결과가 생생히 묘사된다. '쑥'은 독성이 매우 강한 쑥이며, '두 날 가진 칼'이란 말은 문자적으로 '날이 선 칼'이란 뜻으로 칼의 예리함과 날카로움을 말한다. 이러한 표현들은 모두 음녀의 유혹이 처음에는 달콤하고 현란했던 것과는 달리 나중에는 반드시 그와 상반된 엄청난 고통과 불행의 결과를 초래함을 의미한다.

5절 **그의 발은 사지[1]로 내려가며 그의 걸음은 스올로 나아가나니**

1. ‘사지’(מָוֶת : 마웨트) : ‘생명’과 반대되는 개념으로 ‘죽음’이나 ‘죽음의 영역’을 의미한다. 구약에서 ‘발’에 관한 은유는 의인의 발과 악인의 발을 묘사하며, 그들의 삶의 행동 방식을 나타낸다.

‘사지’, ‘스올’이란 표현은 모두 범죄의 결과로 인한 멸망의 상태, 즉 악인들이 범죄의 대가로 참혹한 형벌을 당하는 죽음의 장소를 가리킨다. 지혜를 무시하고 음녀의 유혹을 받아 죄악을 행한 악인들이 맞이할 수밖에 없는 비참한 결과인 것이다. 지혜를 추구하는 사람들은 신앙적 차원뿐만 아니라 윤리적인 면에서도 악인과 달리 성결한 생활을 유지해야 한다. 지혜자는 음녀에 관해 말할 때마다 본 절과 같은 경고로 음행에 대한 하나님의 심판이 얼마나 엄중한지 강조한다.

6절 **그는 생명의 평탄한 길을 찾지 못하며**
자기 길이 든든하지 못하여도[1] 그것을 깨닫지 못하느니라

1. ‘든든하지 못하여도’(נעוּ : 나우) : ‘비틀거리다’라는 의미의 동사 ‘누아(נוּעַ)’의 칼 완료 3인칭 복수형이다. 이 동사는 죄의 심판으로 방랑하는 것을 묘사하는 것에 자주 사용되었는데, 음녀는 죄로 인하여 비틀거리는 위험에 처해 있으면서도 그것을 깨닫지 못한다고 말한다.

본 절은 죄의 습성에 빠져 영적인 판단력을 완전히 상실한 음녀의 상태를 묘사한다. ‘평탄한 길’이란 ‘안전이 보장된 길’을 가리키며, ‘찾지 못하며'는 '준비하지 못하다', '예비하지 못하다'는 의미가 있다.

특히 '못하며'라는 말은 매우 강한 부정의 의미를 함축한다. 따라서 악인이 죄의 심판에서 구원받지 못하고 완전히 제외되었음을 시사한다. '자기 길이 든든하지 못하여도'라는 말은 본래 소경이 앞을 보지 못해 갈팡질팡하는 것을 가리키는데, 여기서는 죄 속에서 헤매는 악인의 생활을 묘사하는 비유적 표현으로 사용되었다.

한 번 더 생각하기

하나님께서 우리에게 정해 주신 삶의 축복 원리 중 하나는 젊어서 취한 아내를 즐거워하며 사랑하고, 만족하게 여기고, 한눈팔지 말라는 것이다. 그러면 하나님께서 그 사람의 모든 것에 부족함이 없게 하시고, 형통하게 하시며 그의 영향력을 확대시키실 것이다.

그러나 대부분의 사람들이 음녀의 유혹에 눈이 어두워져 잘못된 길로 걸어갈 때가 많다. 그렇기 때문에 지혜로운 아버지는 교사로서 그 아들에게 인생을 잘 살도록 하기 위해서 유혹받지 말 것을 당부한다.

많은 사람들이 하나님을 믿는다면서도 세상 가치에 의해서 죄악 된 길을 걸어간다. 하지만 믿는 사람들은 항상 주의하고 깨어서 삼갈 줄 알고, 근신해야 하고, 절제할 줄 알아야 한다. 당장 눈앞의 즐거움 때문에 먼 미래의 행복을 포기하는 어리석음을 범해서는 안 된다는 것이다. 성경은 하나님을 가까이하는 것이 모든 악으로부터 자신을 지키는 유일한 방어적 자세라고 말한다. 그래서 성경은 하나님의 자녀들에게 성령을 따라 행하라고 말한다. 성령을 따라가면 우리 눈을 헛된 것에 팔지 않게 된다.

잠언서에서 음녀의 유혹에 대한 경고는 반복적으로 강조된다. 그것은 이 문제가 매우 중요하다는 것을 뜻한다. 영적으로 중요한 교훈임을 깨우치고자 하는 것이다. 성경은 우리에게 우리의 삶을 삼가라고 말한다. 즉 억제하고 절제하며 조심하라는 것이다.

그리스도인은 하나님 앞에서 왕 같은 제사장임을 잊어선 안 된다. 성경은 "한 번 죽는 것은 사람에게 정하신 것이요, 그 후에는 심판이 있다"고 말한다. 그리스도인들에게 깨끗하게 살다가 깨끗한 모습으로 다시 오실 주님을 만나는 것만큼 큰 축복은 없다. 하나님 앞에 서는 그날, 하나님께서 칭찬과 환대로 우리를 맞아주신다면 그보다 기쁜 일이 또 어디 있겠는가? 우리는 헛된 세상의 유혹에 빠져 세상의 잠깐의 쾌락을 추구하기보다 그리스도인의 거룩한 삶을 추구해야 한다.

잠 5:7-14

◇

음녀를 멀리하라

그런즉 아들들아 나에게 들으며 내 입의 말을 버리지 말고 네 길을 그에게서 멀리 하라 그의 집 문에도 가까이 가지 말라 두렵건대 네 존영이 남에게 잃어 버리게 되며 네 수한이 잔인한 자에게 빼앗기게 될까 하노라 두렵건대 타인이 네 재물로 충족하게 되며 네 수고한 것이 외인의 집에 있게 될까 하노라 두렵건대 마지막에 이르러 네 몸, 네 육체가 쇠약할 때에 네가 한탄하여 말하기를 내가 어찌하여 훈계를 싫어하며 내 마음이 꾸지람을 가벼이 여기고 내 선생의 목소리를 청종하지 아니하며 나를 가르치는 이에게 귀를 기울이지 아니하였던고 많은 무리들이 모인 중에서 큰 악에 빠지게 되었노라 하게 될까 염려하노라

7절 **그런즉 아들들아 나에게 들으며 내 입의 말을 버리지[1] 말고**

1. '버리다'(סוּר : 수르) : 구약에서 배교를 의미하는 용어이며, 돌이켜 떠난다는 것은 여호와 앞에서 확고한 신앙을 거부하는 행위다. 훈계를 저버리는 자에게는 궁핍과 수욕이 따르지만 지혜로운 아들은 훈계를 붙잡아 존영을 얻는다.

현대사회에서 성도들이 가장 무방비 상태로 놓인 죄 중에 하나가 바로 음행의 죄다. 사람들의 가치관이 황금만능주의로 바뀌고, 도시화되고, 익명성의 사회가 되어 아무도 모르게 자신을 숨긴 채 죄를 저지르기 좋은 세상이 되었다. 이를 틈타 성을 상품화하여 이익을 추구하는 사람들이 과거 어느 때보다 많아져 성도들도 자칫 방심하면 음란죄에 빠지기 쉽다.

따라서 성도들은 우리 사회에 팽배한 왜곡된 쾌락주의적 가치관과 타락한 성문화로부터 자신을 지키기 위해 단호해야 한다. 물론 이러한 시대적 변화에서 오는 영향을 성도라고 전혀 받지 않을 수 없다. 그러나 조그만 호기심이나 순간적 방심은 돌이킬 수 없는 결과를 초래할 수도 있음을 명심해야 한다. 가능하면 성적 유혹이 있는 곳에는 아예 발도 들여놓지 말아야 할 뿐만 아니라 성적 유혹을 유발하는 책이나 영화 등을 철저히 거부하는 자세가 요구된다.

8절 **네 길을 그에게서 멀리하라**
그의 집 문에도 가까이 가지[1] 말라

1. '가까이 가다'(קָרַב : 카라브) : 공간적, 시간적인 가까움 외에도 인격적인 친밀함이나 성적인 관계를 나타내는 단어이다. 그러므로 음녀의 집 문에 가까이 가지 말라는 명령은 음란죄의 환경과 친밀한 관계를 맺지 말라는 의미를 내포한다.

음녀의 유혹은 집요하고 달콤해서 사람이 쉽게 유혹을 뿌리칠 수 없다. 음녀의 유혹을 단순히 좇지 않는 차원이 아니라 아예 그 근처에 도 가지 말라는 강한 명령인데, 본질적으로 죄악의 영향이나 요소에 대한 원천적 봉쇄를 권면한다. 아울러 이 같은 사실은 지혜자가 죄의 오염에 따른 심각한 결과의 양상을 직시하도록 보여준다.

9절 **두렵건대 네 존영[1]이 남에게 잃어버리게 되며**
네 수한[2]이 잔인한 자에게 빼앗기게 될까 하노라

1. 존영 : 명성을 말하지 않고 청년이 지니고 있는 아름다움과 신선함, 그리고 강인한 힘
2. 수한 : 가장 유용하고 가치 있는 젊은 시절

본 절부터 14절까지는 음녀의 유혹을 경계해야 할 구체적인 이유들을 제시한다. 청년은 아름다움과 순수함을 지키기 위해 음녀의 음란한 유혹을 원천적으로 경계해야 한다. '잔인한 자'는 그 성性이 남성이며 사람들을 음녀의 유혹에 들게 한 후 그를 파멸케 하는 음녀의 측근들을 총칭하는 표현이다. 즉 음란죄에 빠지면 결국 생명을 잃게 될 것이라는 뜻이다.

젊은이가 음녀의 유혹에 빠져 방탕함에 빠지는 것은 곧 그의 인격을 파괴할 뿐 아니라 한창 지혜와 명철을 얻는 데 힘쓸 그의 청년 시절을 낭비하는 것이다. 젊은 시절에는 삶에 대한 성실하고 진지한 자세가 요구되는데, 그것은 무엇보다도 죄악을 멀리하고 음란을 피함으로써 가능하다.

"네 수한이 잔인한 자에게 빼앗기게 될까 하노라"에 대하여 잠언 미드라쉬[1)]는 '여러분은 잔인한 천사에게 넘겨집니다'라고 해석한다. 즉 음녀의 집을 드나들다 보면 죽음의 천사가 속히 찾아와 그 생명을 앗아가게 됨을 의미한다.

지혜자는 자녀들에게 네 수한이 죽음의 천사에게 넘겨지지 않도록 음녀를 멀리하고 그 집 문에도 가까이 하지 말라고 한다. 하나님께서 인생들에게 허락하여 주신 시간을 죽음의 천사가 빼앗아 가는 것은 하나님이 원하시는 바가 아니라는 것을 지혜자는 우리에게 가르친다.

10절

두렵건대 타인이 네 재물로 충족하게 되며
네 수고한 것이 외인[1]의 집에 있게 될까 하노라

1. '외인'(נָכְרִי: 노크리) : '타인'과 병행인데, 비 이스라엘인을 가리키는 명사로서 특히 본서에서는 창녀를 가리키는 전문용어로 사용되었다. 수고하여 얻은 재물이 음녀의 집에 있게 된다는 것은 결국 재산을 모두 잃게 될 것이라는 말이다.

음녀의 유혹에 빠져 젊은 날을 방탕하고 어리석게 생활한 사람이 현세에 맞이할 것은 비참한 결과 밖에 없다. '수고한 것'이란 '재물'과 병행을 이루는 말로 재산을 의미하며, '외인의 집'은 '타인'과 병행을

1) Midrash. '찾다', '조사하다'는 뜻의 히브리어 '드라쉬'에서 유래한 말로 성경해석방법 및 그 내용을 담고 있다. _편집자 주

이루는 말로 음녀와 측근들을 의미한다. 따라서 음녀의 유혹에 빠진 자는 자신의 재산을 일순간에 탕진할 것을 경고한다.

11절 **두렵건대 마지막에 이르러 네 몸, 네 육체가 쇠약할 때에 네가 한탄하여**[1]

1. '한탄하다' : 과거의 어리석음과 아울러 자기 앞날에 대한 소망이 전혀 없음을 깨닫고 땅을 치며 통곡할 것을 뜻한다.

음녀의 유혹에 빠져서 방탕한 삶을 산 자의 결말에 대한 세 번째 묘사로 방탕으로 재산을 탕진하고 육체가 쇠해진 인생의 황혼기에 맞게 될 정신적 고통을 서술한다.

12절 **말하기를 내가 어찌하여**[1] **훈계를 싫어하며 내 마음이 꾸지람을 가벼이 여기고**

1. '어찌하여'(אֵיךְ : 에크) : '질책', '절망', '놀람', '공포' 등을 나타내는 수사 의문문에서 사용된다. 음녀로 인하여 패망케 된 자가 이 의문 부사를 통하여 자기 자신을 질책한다.

재산을 탕진하고 육체가 병들었을 때 자신의 방탕한 생활을 한다면, 후회해 봤자 그 때는 이미 늦은 것이다. 특히 이 방탕한 사람은 자신이 젊은 날 지혜의 훈계를 무시하고 어리석은 행동을 한 사실에 대해 몹시 후회하고 있다. 이를 통해 지혜자는 젊은이들이 만일 그의 훈계와 교훈을 무시하고 순간의 쾌락을 좇아 방탕한 생활을 한다면 어리석은 사람과 같은 비참한 결과를 맞이할 수밖에 없다는 사실을 교훈한다.

13절 **내 선생[1]의 목소리[2]를 청종하지 아니하며**
나를 가르치는 이에게 귀를 기울이지 아니하였던고

1. '선생'(מוֹרֶה : 모레) : '던지다'라는 의미의 동사 '야라'에서 유래한 명사로서 '이른 비'를 뜻하거나, '교사'를 의미한다.
2. '목소리'(קוֹל : 콜) : 주로 성대에서 나오는 소리를 말하며, 사람의 소리뿐 아니라 자연의 소리, 하나님의 음성 등을 나타내기도 한다.

훈계와 교훈으로 지도하던 스승의 가르침에 불순종했던 과거 자신의 어리석음을 한탄하는 미련한 자의 후회가 계속된다. 인생의 성패 여부는 자기를 지도하는 스승의 많고 적음에 있지 않고, 스승의 가르침에 순종하고 따르는 피교육자의 자세에 달려 있다. 우리를 교훈하는 하나님의 말씀과 계명에 철저히 순종함으로 인생의 궁극적 성공을 보장받을 수 있는 삶의 진지한 자세를 갖추어야 한다.

14절 **많은 무리[1]들이 모인 중에서 큰 악[2]에 빠지게 되었노라**
하게 될까 염려하노라

1. '무리' : 어떤 목적을 갖고 함께 모인 회중인데, 이들은 범죄자를 재판하

기 위해 모인 회중으로 볼 수 있다.

2. '악'(רַע:라) : 악을 뜻하는 히브리어 '라'는 '역경, 고난, 나쁜, 악한' 등의 뜻을 가진다.

저자는 지혜의 훈계와 교훈을 무시하고 방탕한 생활을 좇았던 어리석은 자가 회중 앞에서 당할 수치를 매우 적나라하게 묘사한다.

본 절은 '회중 가운데서 완전한 멸망에 빠졌다'는 말로 해석할 수 있는데 이는, 음행죄를 범한 자가 맞을 비참한 형벌을 예견하는 표현이다. 지혜가 없어 유혹에 빠진 자의 결국은 비극 그 자체이다.

한 번 더 생각하기

지혜자의 가르침

7절에 지혜자는 자녀들에게 자신이 하는 말을 듣고 그 입의 말을 버리지 말라고 권면한다. 그는 앞부분에서 음녀는 겉과 속이 다르다고 말한다. 겉으로 보기엔 꿀을 떨어뜨리며 그 입이 기름보다 미끄러워 달콤하게 보일지 모르지만, 속은 쑥 같이 쓰고 칼 같이 날카롭다는 것이다. 그래서 음녀의 입술에서 나오는 말에 유혹당하면 죽음의 길로 가게 된다. 겉은 달콤한 것 같지만 속은 쓰디쓴 것을 준비하는 음녀의 유혹은 생명의 길에서 벗어나 사망의 길로 가는 것이다. 그러므로 지혜자는 사망의 길에 빠지지 않도록 음녀의 치명적인 유혹을 피하라고 경고한다.

지혜자의 권면에는 안타까움과 간절함이 묻어난다. 잘못된 길에 빠질까봐 애처로운 마음으로 자신의 말에 귀 기울일 것을 계속 간청하고 있다. 그의 가르침은 자기에게 유익을 기대하는 보상적 차원의 권고가 아니다. 자기의 권위를 드러내기 위함도 아니다. 현재 지혜자는 아들들보다 높은 위치에 있고, 이미 명예로운 위치에 있다. 그래서 강압적인 명령으로 그것을 위반했을 때 폭력을 행사할 수도 있고, 큰 불이익을 가할 수도 있다. 그러나 지혜자는 그렇게 하지 않는다. 지혜자의 권면에는 그저 자식들을 위하는 안타까움과 애처로운 마음만 한 가득 담겨 있을 뿐이다.

지혜자의 가르침에 귀 기울일 줄 알아야 한다. 진정 자식을 위하는 부모의 심정으로 전하는 지혜자의 말에 귀 기울여야 한다. 이러한 지혜자의 말은 대가를 기대하지 않는 순수한 사랑에서 나오기 때문이다. 오직 우리의 번영과 평안만을 기대하며, 우리가 잘 살기를 바라는 마음에서 나온 말이기 때문에 거짓이 없고 진실하며 안전하다.

바울 사도도 데살로니가 교인들에게 권면하는 자들의 태도에 관하여 말하였다.

> 너희도 아는 바와 같이 우리가 너희 각 사람에게 아버지가 자기 자녀에게 하듯 권면하고 위로하고 경계하노니(살전 2:11)

진정한 생명으로 인도하는 권면은 아비가 자기 자녀에게 하듯 하는 권면이다. 가진 것을 빼앗기 위해 가르치지 않고, 자신에게 보탬이 되고 득이 되도록 하기 위해 가르치는 것이 아니라 오직 자녀들이 잘 살기를 위하는 마음에서 권면하는 것이다.

네 수한을 빼앗기지 않게 하라

음녀의 문지방을 드나들면 쌓은 존영을 다 잃고 청춘을 허비하며 이른 죽음을 맞게 될 수도 있다. 본문 9절 하반절 "네 수한이 잔인한 자에게 빼앗기게 될까 하노라"에 대하여 잠언 미드라쉬는 "여러분은 잔인한 천사에게 넘겨집니다."라고 해석한다. 즉 음녀의 집을 드나들다 보면 죽음의 천사가 속히 찾아와 그 생명을 앗아가게 됨을 의미한다.

음녀를 가까이 하면 존영을 잃게 된다. 존영이란 '위엄'과 '영광'을 뜻하고, 이것은 아들들이 가진 지위와 영광을 의미하며 그것은 매우 가치 있는 것이다. 인생이 가진 존영은 이루기도 쉽지 않으며 그것을 지키는 것은 더욱더 어려운 일이다. 시험과 유혹이 많고 때로는 그것을 빼앗으려는 도전도 많기 때문이다.

음녀의 유혹은 항상 꿀처럼 달콤하다. 그 집의 문을 드나들 때 얻게 되는 달콤함은 처음 맛보면 매우 인상적이고 강렬해 끊을 수가 없다. 그러나 그것은 삶에 유익한 달콤함이 아니라 해가 되는 달콤함이다. 음녀의 길을 따를 때 얻는 달콤함은 우리 영혼을 병들게 할 뿐 아니라 수많은 문제들을 불러일으킨다는 것을 지혜자는 자녀들에게 일깨우고 있다.

음녀를 멀리 하라. 지혜자가 자녀들에게 강조하는 이 가르침은 늦은 때에 깨달아 알게 하기 위한 말씀이 아니다. 바로 지금 결심하고 따르도록 하기 위해 주는 말씀이다. 슬프고 애통할 일이 생기기 전에 그런 일이 발생하지 않도록 하기 위해 애통하고 슬퍼하는 마음으로, 간절하고 애절한 마음으로 자녀들에게 전하고 있는 것이다.

음녀는 일시적이고 거짓된 달콤함을 주지만, 진정한 달콤함은 결국 지혜자의 가르침을 따라 얻는 절제와 인내에 있다. 지혜자의 가르침을 따르면 지금은 조금 힘들고 어렵지만 참 인생의 달콤함을 맛보며 살게 될 것이다. 지혜자의 가르침은 영혼의 보약인 동시에 진정한 달콤함이 있기 때문이다.

잠 5:15-23

◇

너의 샘으로 복되게 하라

너는 네 우물에서 물을 마시며 네 샘에서 흐르는 물을 마시라 어찌하여 네 샘물을 집 밖으로 넘치게 하며 네 도랑물을 거리로 흘러가게 하겠느냐 그 물이 네게만 있게 하고 타인과 더불어 그것을 나누지 말라 네 샘으로 복되게 하라 네가 젊어서 취한 아내를 즐거워하라 그는 사랑스러운 암사슴 같고 아름다운 암노루 같으니 너는 그의 품을 항상 족하게 여기며 그의 사랑을 항상 연모하라 내 아들아 어찌하여 음녀를 연모하겠으며 어찌하여 이방 계집의 가슴을 안겠느냐 대저 사람의 길은 여호와의 눈 앞에 있나니 그가 그 사람의 모든 길을 평탄하게 하시느니라 악인은 자기의 악에 걸리며 그 죄의 줄에 매이나니 그는 훈계를 받지 아니함으로 말미암아 죽겠고 심히 미련함으로 말미암아 혼미하게 되느니라

15절 **너는 네 우물[1]에서 물을 마시며 네 샘에서 흐르는 물을 마시라**

1. '우물'(בְּאֵר : 베에르) : '수조', '우물', '구덩이' 등을 의미하며, 이 단어가 부정적으로 사용될 때는 비유적으로 환란과 고통을 의미하고, 긍정적인 의미로는 본 절에서와 같이 '아내'를 의미한다. 이스라엘의 어머니인 사

라는 우물에 비유되었다. '너의 우물 안에 있는 물'을 마시라는 말은 낯선 여인, 즉 음녀가 아니라 자기 아내에게서 성적 기쁨을 누리라는 의미를 내포한다.

'우물'과 '샘'은 아내를 가리킨다. 따라서 본 절은 음녀의 유혹에 빠져 스스로 멸망을 자초하는 어리석은 행동을 삼가고 결혼을 통해 정당하게 얻은 아내로 만족하라는 권면이다. 성경이 아내를 샘과 우물에 비유하는 것은 첫째, 고대 근동에서 샘과 우물은 매우 귀중한 자산으로, 이러한 습관을 따라 아내의 귀중함을 강조한 것이다. 둘째는 샘과 우물이 생육과 밀접한 연관이 있고, 여인의 생식력을 상징하기 때문이며, 혹은 남자의 성욕을 염두에 둔 표현으로 해석할 수도 있을 것이다.

16절 어찌하여 네 샘물을 집 밖으로 넘치게 하며
네 도랑물을 거리로 흘러가게 하겠느냐

본 절에 대해 세 가지 해석이 있다. 첫째, 본 절의 '샘물'과 '도랑물'을 결혼의 소산인 자녀로 보아 '네 결혼이 복되어 많은 자녀들을 가진다'는 것을 의미한다는 견해이다. 둘째는 '샘물'과 '도랑물'을 생식력의 상징으로만 보고 '부부관계에 있어 생식력이 자유롭게 행사되도록 하라'는 의미의 견해이다. 마지막 셋째는 '네 물을 샘 밖으로 흐르게 하지 말라'는 것을 '네 아내를 너만 취하라'는 뜻으로 보는 것이다. 문맥상으로 볼 때 세 번째 견해가 가장 적합하다. 즉 본 절은 아내의 소중함을 강조하는 표현으로 볼 수 있다.

17절 | 그 물이 네게만 있게 하고 타인과 더불어 그것을 나누지 말라

결혼을 통해 얻은 합법적인 아내에 대한 남편의 성실한 의무를 다하라는 권면이다.

18절 | 네 샘[1]으로 복되게 하라
네가 젊어서 취한 아내를 즐거워하라

1. '샘'(בּוֹר : 보르) : 샘물. 비유적으로 자주 사용되어 생수의 샘, 생명의 샘으로서 의인의 입과 지혜, 그리고 명철 등을 묘사하기도 한다. 여기에서는 기쁨의 근원이요 생명의 샘인 아내를 비유적으로 표현했다.

아내에 대한 남편의 의무를 더욱 구체적으로 명시하고 있다. 특히 '복되게 하라'는 말은 아내에게 많은 자녀를 두게 하여 축복하라는 뜻이며, '아내를 즐거워하라'는 말은 아내와 함께 나누는 정결한 사랑을 통해 기쁨을 누리라는 뜻이다.

'젊어서 취한 아내'는 ① 네가 젊음을 바친 아내 ② 네가 젊을 때 결혼한 아내 ③ 너의 젊은 아내 등의 해석이 있으나 ②의 견해가 문맥상 가장 바람직한 해석이다.

19절 | 그는 사랑스러운 암사슴 같고 아름다운 암노루 같으니
너는 그의 품을 항상 족하게 여기며
그의 사랑을 항상 연모하라

'암사슴'과 '암노루'란 아내의 아름다움과 사랑스러움을 나타내는 데 흔히 사용된다. 따라서 본 절은 아내에 대한 남편의 끊임없는 애정과 관심을 권면하는 내용이다.

한편 "그의 품을 항상 족하게 여기며"는 문자적으로 '그 가슴의 물을 마시는 것을 흡족히 여기다'라는 말로, 상징적으로 아내의 사랑에 만족할 것을 촉구하는 권면이다. '연모하다'는 말은 본래 '길을 잘못 알다'라는 뜻이나 여기서는 아내의 아름답고 사랑스러운 모습에 도취되어 어쩔 줄 몰라 하는 남편의 지극한 기쁨을 묘사하는 말이다.

20절 | 내 아들아 어찌하여 음녀를 연모하겠으며
어찌하여 이방 계집의 가슴[1]을 안겠느냐

1. '가슴'(חיק : 헤크) : 우묵한 곳, 가슴을 뜻하는 단어로서 비유적으로는 그 사람 자신을 나타내는 강력하고 친밀한 용어이다. '헤크'는 음녀와 친밀한 관계를 계속적으로 유지하는 것을 말한다.

음행의 부당성을 강조하는 설의적 표현[2]으로 당연히 부정적인 답

---

2) 물음 형식의 표현 방법. 이미 알고 있는 것을 묻는 형식으로 표현하는 방법이다. _편집자 주

을 할 수밖에 없는 질문을 던져 그 의미를 강조한다. '연모하다', '가슴을 안다'는 표현은 모두 육체의 쾌락에 집착하여 무분별한 정욕을 일삼는 잘못된 사랑을 가리키는 비유적 표현이다.

21절 **대저 사람의 길은 여호와의 눈 앞에 있나니**
그가 그 사람의 모든 길을 평탄하게 하시느니라[1]

1. '평탄하게 하다' : 본래 '저울에 달아 정확히 헤아리다'는 뜻으로 의인과 죄인의 행위를 자세히 감찰하시는 하나님의 공의가 완전함을 나타내는 표현이다.

잠언 전체에서 지혜의 중요성과 더불어 강조되는 사상은 하나님의 공의이다. 본 절 역시 하나님의 공의를 강조하는 말씀으로 인생이 하나님 앞에 감출 수 있는 죄는 아무것도 없고, 하나님은 절대적인 공의에 따라 인간이 행한 대로 갚으신다는 사실을 밝힌다.

22절 **악인은 자기의 악에 걸리며 그 죄의 줄[1]에 매이나니**

1. '줄'(חֶבֶל : 헤벨) : 비유적으로 환란의 줄이나 악한 자를 위한 올가미나 덫에 대해 사용된다. 이 올가미는 '죄악을 끄는 줄' 이라는 의미를 나타내기도 한다.

어리석은 사람은 사람의 행위대로 보응하시는 하나님의 공의를 깨닫지 못하고 자기 습성에 따라 악을 행함으로 하나님의 심판을 받아 마침내 멸망을 자초하게 된다는 말이다. 특별히 '걸리다', '매이다'라는 표현은 마치 짐승이 사냥꾼이 놓은 올무에 빠지듯이 악인들도 그들의 죄로 인해 심판의 형벌을 받게 될 것을 비유적으로 표현한다.

23절 **그는 훈계를 받지 아니함으로 말미암아[1] 죽겠고**
심히 미련함으로 말미암아 혼미하게 되느니라[2]

1. '받지 아니함으로 말미암아'(בְּאֵין : 베엔) : 부정어 '아인(אַיִן)'에 전치사 '베(בְּ)'가 결합되어 훈계가 없는 상황을 말한다. 하나님께서는 사랑하는 자를 훈계하시기 때문에, 훈계가 없다는 것은 하나님의 내버려 두심을 의미한다고 볼 수 있다. 결국 하나님의 관심 밖에 있으며 생명의 복을 누리지 못하고 죽음을 앞두게 될 것을 의미한다.
2. '혼미하게 되다' : 본래 '멸망으로 비틀거리며 나아가다'라는 뜻인데, 앞날에 대한 한 줄기의 소망도 없이 죽음만을 기다리는 완전 절망적인 상태를 나타낸다.

지혜자는 악인이 멸망에 이르게 되는 것은 훈계를 무시한 결과라고 말함으로 자신이 지금 행하는 훈계의 중요성을 뚜렷하게 부각시킨다. 지혜자는 범죄자가 맞을 결과가 얼마나 비참한 것인가를 교훈했음에도 불구하고 여전히 이를 듣지 않는 사람은 선악을 구별하는 판단력을 완전히 상실한 미련한 사람이기 때문에 멸망 받아 마땅하다고 말한다.

한 번 더 생각하기

독초는 아름답고 사람의 코를 자극하지만, 그것을 가까이하는 사람은 결국 죽는다. 하나님은 우리의 삶이 악에 방치되는 것을 결코 원치 않으신다. 그래서 하나님은 죄악된 삶을 청산하고 하나님 앞에서 삶을 즐거이 헌신하는 새벽이슬 같은 청년들이 주님 앞에 나오는 모습을 기대하고 계신다. 다른 사람은 어찌하든지 "주님, 내가 여기 있습니다. 내 삶을 받으소서." 하고 주님을 위해 헌신한다면 그는 결코 실패하지 않는다는 것이다.

음녀의 유혹에 빠지는 사람은 멸망의 구렁텅이로 내달리는 브레이크 없는 과속 차량과 같다. 죄의 삯은 사망이다. 민수기 32장 23절을 보면 "너의 죄가 반드시 너희를 찾아낼 줄 알라."고 말씀하신다. 하나님께서는 반드시 죄의 책임을 물으신다. 죄를 절대로 가볍게 여기면 안 된다.

세대가 변하고 삶도 변하는 흐름에 따라서 이 시대는 예수님의 이 말씀이 더욱더 중요한 시대로 접어들었다.

> 나는 너희에게 이르노니 음욕을 품고 여자를 보는 자마다 마음에 이미 간음하였느니라(마 5:28)

가상현실 시대에 살게 되면서 그리스도인들이 '마음에 음욕을 품는 일'이 거의 무제한적으로 일어나고 있다. 옛날에는 TV나 영화가 주된 유혹의 근원이었지만 지금은 그것들 외에 더 강력하고 위험한 유혹의 근원들이 많아졌기 때문이다. 이전에는 은밀하게 성인영화 상영관에 들어가거나 비디오 대여점에 가야 성인물을 접할 수 있었지만 지금은 자기 집 안방에서 인터넷을 통해 자연스럽게 성인물을 접할 수 있다.

아무도 눈치 채지 못한다고 여기지만 하나님은 모든 것을 아신다. 그렇기 때문에 그리스도인들은 스스로 속이지 말아야 한다. 하나님은 업신여김 받지 않으신다.

너무나 많은 그리스도인들이 실제 생활에서 부도덕함에 빠지지 않아도 가상현실 속에서는 쉽게 음란물에 빠지곤 한다. 따라서 잠언에서 나타난 주제를 생활에 적용할 때는 육체적 부도덕에 대한 경고뿐만 아니라 가상현실 속 부도덕의 위험성에 대해서도 적용해야만 한다.

잠언 6장

일상생활 속에서 지혜자가 경계할 일들

1978년 8월 11일 커다란 헬륨 기구인 더블 이글2가 미국 마인 주 프레스크아일을 떠나 프랑스로 날아갔다. 6일 후인 8월 17일 대륙에 다가갔을 때 승무원들은 고도 유지에 실패하여 무게를 줄이지 않으면 바다에 빠지게 되는 상황에 부딪히게 되었다. 그중 한 명은 당시의 상황을 이렇게 기록했다.

"우리는 지금까지 기구의 부피를 적절히 조절하면서 고도 유지를 잘해왔다. 그러나 육지에 다다랐을 때 결코 값싸지 않은 녹음기, 라디오, 잡지들, 침구류와 이동식 의자, 그리고 대부분의 물과 음식과 그 외의 마실 것들을 모두 버려야 했다."

결국 그들은 목적지에 이르렀고, 목표 달성의 기쁨을 누렸으며, 세계의 이목이 집중되는 것과 그에 따르는 경제적 보상도 받았다.

그리스도를 따를 때 그분을 온전히 따르지 못하게 하는 것이 있다면 그것을 과감히 밖으로 내던져야 한다. 실패의 구렁텅이에 처박히는 것보다 우리를 무겁게 만들고 실패하게 하는 것들을 포기하는 것이 차라리 더 옳은 것이다. 하나님께서 우리에게 포기하라고 요구하신 것에 도저히 버릴 수 없을 정도의 귀한 가치가 있을 수 없기 때문이다. 이것이 이 장에서 강조하는 지혜의 핵심이다.

"나를 따르라. 당신이 원하는 모든 것을 버리고 나를 따르라. 스스로 느낄 수 있는 만족과 하나님의 온전한 축복은 오직 내 속에서 발견될 수 있다."

잠 6:1-5

◇

경솔한 보증에 대하여

내 아들아 네가 만일 이웃을 위하여 담보하며 타인을 위하여 보증하였으면 네 입의 말로 네가 얽혔으며 네 입의 말로 인하여 잡히게 되었느니라 내 아들아 네가 네 이웃의 손에 빠졌은즉 이같이 하라 너는 곧 가서 겸손히 네 이웃에게 간구하여 스스로 구원하되 네 눈을 잠들게 하지 말며 눈꺼풀을 감기게 하지 말고 노루가 사냥꾼의 손에서 벗어나는 것 같이, 새가 그물 치는 자의 손에서 벗어나는 것 같이 스스로 구원하라

본 장에서는 경솔한 보증(1-5절), 게으름(6-11절), 보편적 악행(12-19절), 음행(20-35절) 등 4가지 미련한 행동에 대한 경고 형식의 교훈을 말한다. 본 절에서부터 5절까지는 경솔한 보증과 관련된 교훈이다. 이스라엘에서는 타인을 위해 보증서는 것을 금지하지 않는다. 담보제도는 역사적으로 매우 오래된 관습이었고(창 38:17-18), 모세 율법에는 담보와 보증을 법적으로 허락했다(출 22:26). 하지만 잘못된 경우에 발생하는 여러 나쁜 결과 때문에 보증을 좋지 않은 것으로 언급한 경우도 있다(잠 11:15, 17:18, 22:26).

1절 **내 아들아 네가 만일 이웃을 위하여 담보하며[1]**
타인을 위하여 보증하였으면

1. '담보하다'(עָרַב : 아라브) : '보증을 서다', '저당 잡히다'라는 의미의 동사인데, 이 단어는 어떤 사람의 경력이나 신분에 대해서 틀림없음을 증명하거나 책임지는 행위이다. 지혜문학[3]에서는 타인을 위하여 보증서지 말라는 경고가 여러 번 나온다. 이는 타인을 위하여 보증을 섰을 경우에 빚 진 사람이 그 빚을 갚지 못하면 보증을 선 사람이 그 책임을 져야하는 곤경에 처하기 때문이다.

본 절은 보증 자체에 대한 금지가 아니라 보증 설 때의 경솔함과 성급함에 대한 충고로, 항상 신중해야 함을 말하고 있다. '담보를 서다'는 기본적으로 '책임지다', '헌신하다'를 뜻하며, 좁은 의미의 경제적인 행위로서 '담보를 서다'는 뜻이 있다.

후반절에서 '손을 치다'는 원어는 담보 의식을 반영해 준다. '담보를 서다'와 '손을 치다'는 여러 부분에서 평행을 이루며 함께 나타난다(잠 17:18, 22:26, 11:15; 욥 17:3). 원래 이 행동은 '우정이나 담합'을 뜻하지만, 경제적인 상황에서는 보증을 서는 데 사용됐다.

본 절은 얼핏 보기에 이웃을 위해 보증서는 단순한 상황을 말하는 것 같지만, 첫 행의 '이웃'과 둘째 행의 '타인'이 누구를 가리키는가를 결정하는 문제는 쉽지 않다. 이 두 단어는 오직 이 부분에서만 평행을

3) 구약성서의 '잠언', '욥기', '전도서' 그리고 '벤 시라의 지혜', '솔로몬의 지혜' 등을 역사서, 예언문학과 구별해 '지혜문학(Wisdom Literature)'이라고 총칭 _편집자 주

이루고 나타나며, 학자들에 따라 두 개의 대립되는 견해가 제시된다.

대부분의 학자들은 '이웃'(혹은 친구)과 '타인'을 같은 사람으로 보며 채무자와 동일시한다. 이렇게 본다면 히브리어 전치사는 두 행에서 모두 '…를 위하여'로 이해할 수 있다. 즉 아들은 '타인'인 '이웃'을 위하여 보증을 서게 된 것이다.

그러나 다른 몇몇 학자들은 '이웃'과 '타인'을 다른 사람으로 보고, 아들이 그의 이웃에게 타인을 위하여 보증을 선 것으로 본다. 왜냐하면 잠언에서 '다른 사람'은 매우 부정적이며, 잠언 20장 16절에서는 '모르는 사람'과 평행을 이루어 나타나기 때문이다.

2절 **네 입의 말로 네가 얽혔으며**
네 입의 말로 인하여 잡히게 되었느니라[1]

1. '잡히게 되었느니라'(נִלְכַּדְתָּ : 닐르카드타) : 대적이 쳐 놓은 모든 종류의 올가미에 걸린 사람들의 상태를 비유적으로 묘사한다. 사악한 자들은 자신이 저지른 죄악의 줄에 사로잡히게 된다고 말하는데, 이것은 심판에 대한 비유이다. 남의 보증을 선 자가 자신의 의지와 관계없이 헤어나올 수 없는 큰 함정에 빠지게 된다는 것이다.

경솔하고 성급하게 행한 결과 담보와 보증을 잘못 섰을 경우에 발생하는 위험들을 서술하고 있다. '네 입의 말'이 반복되는 것은 보증으로 인해 곤경에 빠지는 것은 어디까지나 보증 선 사람 자신의 무분별하고 경솔한 행동의 결과임을 강조하기 위한 표현이다.

2절은 1절의 조건절로 이어지며, 충동적으로 자비를 베푸는 행동의 심각한 결과가 제시된다. 그리고 '네 입의 말'이라는 구를 반복하여 말의 심각성을 강조한다. 구약시대의 보증은 기록보다는 말로 하였고, 손을 서로 치면서 인을 쳤으며, 그들의 말과 행동은 문서와 동일한 권위와 책임을 내포하였다.

전반절에 '얽히다'는 '올무로 새를 잡다'는 뜻이며, 여기에서는 수동태로 '올가미에 얽매이다'는 뜻이 있다(신 7:25; 사 8:15; 잠 12:13). '얽히다'와 평행을 이루는 후반절의 '잡히다'도 '동물'이나 '사람'(렘 6:11, 8:9, 51:56; 욥 36:8; 애 4:20)을 사로잡을 때 나타난다. 짐승이 한번 올가미에 걸려들면 결코 쉽게 빠져나올 수 없으며, 비록 빠져나와도 큰 상처를 입듯이, 이웃을 위하여 빚보증을 서면 결국 목숨을 잃는 상황에 빠지게 됨을 의미한다.

3절 **내 아들아 네가 네 이웃의 손에 빠졌은즉 이같이 하라**
너는 곧 가서 겸손히 네 이웃에게 간구하여 스스로 구원하되[1]

1. '스스로 구원하되'(הִנָּצֵל : 힌나첼) : '빼앗다', '구하다'라는 뜻으로 이 동사의 수동형은 '스스로 구하다'라는 의미이다. '손바닥'을 뜻하는 '카프(כַּף)'는 비유적으로 권세나 지배를 의미하며, 보증선다는 것은 상대방의 권세 아래로 들어가서 노예가 되는 것을 뜻한다. 모든 방법을 다 동원하여 자기 자신을 구해야 한다는 교훈을 강조하고 있다.

히브리법에 의하면 채무자가 기한 내에 빚을 갚지 못하면 보증인은 채무자 대신 재산을 압류당하고, 그것도 부족하면 이스라엘 사람에게 있어 가장 기본적인 살림도구이자 필수 생활용품인 침상과 옷까지 빼앗기게 된다(잠 22:27). 따라서 채무자가 기한 내에 빚을 갚지 못할 경우 보증인은 파산 상태에 이른다. 본 절은 보증인이 그런 경우를 당할 때의 권면으로, 채권자에게 격한 심정으로 사나운 말을 해서 사태를 더 악화시킬 것이 아니라 겸손히 간청하고 부드러운 말로 관용을 베풀도록 요청하는 것이 현명한 태도임을 가르치고 있다.

'내 아들아, 그렇다면 이렇게 하라'는 표현은 긴급성을 강조해 준다. '그렇다면'은 권면 형식에서 논리적인 연관성을 만들어 준다(왕하 10:10; 욥 19:6). 전반절에서 '이웃의 손에 빠졌다'는 것은 새나 짐승이 드디어 사냥꾼의 손안에 들어간 모습으로 더 이상 빠져나올 수 없는 최종적인 절망의 상황을 말한다. '이웃'은 '채주'이며, 앞의 1절에 있는 '이웃'과 동일한 사람으로 볼 필요는 없다. 이 채주는 채무자가 된 아들의 인생을 파멸시킬 수 있는 법적인 권리를 가지고 있다.

'이웃의 손'은 앞에 나온 보증행위로서 '손을 치다(1절)'와 이어진다. 다른 번역본에서는 '악한 자'를, 또 다른 번역에서는 '네 원수'를 이 구에 첨가한다. 즉 비록 그가 이웃이라도 위험하다는 것이다. 그 이웃이 평소 적대적이지 않더라도 보증을 섰다면 동등한 관계가 상하 관계로 바뀐다.

아들은 멋모르고 선심으로 선 보증의 올가미에서 신속하게 벗어나야 한다. 이것을 위해 두 가지 행동이 요청되고 있다. 첫째, 그는 힘을 다하여야 한다. 이 동사는 일반적으로 '겸손히', 혹은 '서둘러'로 번역되지만 '자신의 힘이 탈진하도록' 애쓰는 모습을 의미한다. 둘째, 그는 졸라대야 한다. 원어 의미상 이 단어는 '폭풍처럼 몰아치다, 압박하다'는 뜻이다. 지불해야 하는 의무가 부과되기 전에 그는 이 책임에서 벗어나야만 한다. 안심하지 말고 불안과 놀라움으로 채주를 조르며 위기에서 벗어나야 한다.

4절 | 네 눈을 잠들게 하지 말며 눈꺼풀을 감기게 하지 말고

아들이 얼마나 절실하게 행동해야 하는지를 '잠'과 '졸음'으로 제시하고 있다. 그는 무서운 함정에서 벗어날 때까지 잠을 자거나, 심지어 졸아서도 안 된다. '잠'과 '졸음'은 구약성서에서 자주 평행을 이루며 나타나지만(시 132:4; 잠 6:10, 24:33; 욥 33:15), 여기에서 '졸음'은 잠보다 더 예리한 관점을 보여준다. 즉 순간적으로 '눈꺼풀이 감기는 졸음'에 빠져서도 안 될 정도로 상황을 심각하게 생각하라는 뜻이다.

5절 | 노루[1]가 사냥꾼[2]의 손에서 벗어나는 것 같이,
새가 그물 치는 자의 손에서 벗어나는 것 같이
스스로 구원하라

1. '노루' : 구약성경에서 여러 번 나타나지만(신 12:15, 14:5, 15:22; 삼하 2:18; 사 13:14; 아 2:9, 17 등) 잠언에서는 오직 여기에만 나오며, 가나안 땅에 살고 있는 '작은 영양' 혹은 '산양'을 가리킨다. 이 짐승은 광야나 산에서 살고, 집에서 사육되는 짐승과 성질이 근본적으로 다르다. 노루는 올가미에 빠지

게 될 때 죽을힘을 다해 빠져나오려고 한다.

2. '사냥꾼'(יָד:야드) : 원어 '손(יָד:야드)'을 약간 수정하여 읽은 것이며 몇몇 번역본들은 '올무'로 표현한다.

보증을 잘못 서서 큰 피해를 입게 될 경우 쉽게 낙담하거나 포기하지 말고 계속 노력하여 채무의 의무에서 벗어나라고 권면하고 있다. '스스로 구원하라'는 말에는 보증으로 인해 발생한 문제에 대해 다른 사람들은 도움을 주지 않을 것이기에 남의 도움을 바라기보다는 자신의 적극적인 노력을 통해 그 위기를 모면하는 것이 현명한 태도라는 의미가 내포되어 있다.

어설프고 성급한 보증으로 말미암아 생기게 될 인생의 대형 사고에 대한 경고의 마지막 결론으로, 지혜자는 '노루'와 '새'가 위험에서 벗어나는 장면을 묘사한다. 사냥꾼은 '새 잡는 사람'과 짝을 이루는 말로(시 91:3), 아들도 그물에 잡힌 짐승이 상처가 나더라도 올무에서 벗어나려고 애쓰는 것처럼 발버둥치며 벗어나야 하는 것이다.

잠 6:6-11

게으른 자와 개미

게으른 자여 개미에게 가서 그가 하는 것을 보고 지혜를 얻으라 개미는 두령도 없고 감독자도 없고 통치자도 없으되 먹을 것을 여름 동안에 예비하며 추수 때에 양식을 모으느니라 게으른 자여 네가 어느 때까지 누워 있겠느냐 네가 어느 때에 잠이 깨어 일어나겠느냐 좀더 자자, 좀더 졸자, 손을 모으고 좀더 누워 있자 하면 네 빈궁이 강도 같이 오며 네 곤핍이 군사 같이 이르리라

6-11절의 내용은 게으름과 관련된 권면이다. 개미는 지극히 작고 연약하여 힘이 없지만 겨울에 일할 수 없음을 알고 미리 양식을 준비하기 위해 열심히 일한다. 이런 개미의 모습을 통해, 현재의 편안한 생활에만 만족하여 미래를 대비하지 못하는 어리석음을 버리고, 오직 부지런함과 성실, 근면함만이 안정된 미래를 보장해 준다는 사실을 깨달으라고 권면하는 것이다(잠 30:25).

6절 **게으른 자여[1] 개미에게 가서**
그가 하는 것을 보고 지혜를 얻으라

1. '게으른 자여'(עָצֵל : 아첼) : 게으른 자의 특징은 훈계를 듣지 않고 무관심하며 잠을 좋아하고, 일하지 않고 변명한다. 게으른 자와 대조를 이루는 '개미'(נְמָלָה : 네말라)는 힘이 없으나 여름에 먹을 양식을 미리 준비하는 부지런한 곤충이다.

게으른 자의 원어적 의미는 '꼼짝달싹하기 싫어하는 자'를 의미하며, '지혜 없는 자'는 판단력을 잃어버린 자를 의미한다. 결국 같은 말의 반복이자 강조의 배열이다. 지혜 없는 자는 곧 게으른 자를 의미하기 때문이다.

'게으른 자'는 잠언에서 빈번하게 등장한다(잠 10:26, 13:4, 15:19, 19:24, 20:4, 21:25, 22:13, 24:30, 26:13, 15, 16). 지혜자는 그에게 '개미에게 가라'고 명령한다. 개미는 총칭이지만(잠 30:25), 특별히 여기서는 '추수꾼 개미'를 구체적으로 묘사한다. 개미의 어근은 '고생하다'와 연관되므로 게으른 자와 대조를 이루며 근면한 사업가의 모범이자 지혜의 화신으로 나타난다.

7절 **개미는 두령[1]도 없고 감독자[2]도 없고 통치자[3]도 없으되**

1. '두령' : 주로 재판관(사 1:10, 3:6, 7)을, '감독자'는 주로 행정 관료 또는 감독들(출 5:10, 13, 14; 민 11:16), '통치자'는 주권자를 지칭할 때 사용하는 표현이다.

2. '감독자' : 셈어에서 '(글을) 쓰다, 사람을 열거하다'는 뜻에서 나왔으며, '지방 관리'를 뜻한다(출 5:6, 10, 14).

3. '통치자' : 일반적으로 아랫사람들의 행동을 지휘하는 사람을 말한다(잠 12:24, 17:2, 19:10, 22:7).

저자는 개미의 생활에 대하여 매우 세밀하고도 사실적으로 묘사한다. 개미는 벌과 같이 군집 생활을 한다. 그러나 벌처럼 계급과 서열로 나뉘지 않고 역할에 따라 맡은 일들을 매우 열심히 한다. 이러한 개미의 모습은 명령에 못 이겨 피동적으로 일하거나 징벌이 무서워서 마지못해 일하는 소극적인 사람들에게 성실히 자신의 일을 수행하는 것이 얼마나 중요한지를 교훈적으로 보여준다.

개미에게 배울 점은 첫째, '지도자'가 없다는 것이다. '두령'은 군사적인 용어로, 군인을 모으고 군대를 지휘하는 자이며, 때때로 가문의 어른(미 3:1, 9), 군대의 지휘관(수 10:14), 정치 지도자(사 1:10; 미 3:1)를 가리킬 때도 사용된다. 달리 말하자면 개미의 세계에는 '명령 체계'가 없다는 것이다. 둘째, 개미는 강요나 감독 없이 일을 잘한다. 셋째, 개미는 모두 자기의 역할과 책임을 다하되 지혜롭게 일한다. 여기서 지도자는 꼭 외적인 권위는 없더라도 일의 성격과 흐름을 잘 알아서 일하는 사람을 가리킨다.

8절 | 먹을 것을 여름 동안에 예비하며
추수 때에 양식을 모으느니라

개미의 지혜를 계절의 변화 속에서 묘사하고 있다. '여름'과 '추수 때'는 음성학적 유희가 있으며, 여름철이 바로 추수철이다. 이때 모든 곡식을 열심히 저장한다. 따라서 '여름 동안'과 '추수 때'는 '여름'과 '가을'이 아니라, 보리 추수를 시작하는 4월에서 밀 추수를 하는 5월 말까지를 포함한다.

'예비하다'는 단지 '준비하다'는 뜻이 아니라 모든 것을 잘 장만하고 질서정연하게 만든다는 뜻이다. 잠언 10장 5절도 같은 의미를 가진다. "여름에 거두는 자는 지혜로운 아들이나 추수 때에 자는 자는 부끄러움을 끼치는 아들이니라." 이는 여름철도 추수철이며, 지혜로운 아들은 이 때에 부지런히 모으지만 게으른 아들은 잠만 잔다는 것이다.

마지막 어절인 '모으다'는 포로 후기 히브리어에서 '쌓다'의 의미를 가진다. 개미가 여름에 준비하고, 가을에 모은다는 뜻은 아니다. 오히려 개미는 충분히 모아 두었지만 기회가 있는 동안 더욱 열심히 모은다는 뜻이다. 한 학자는 개미에 대해서 비유하길 "극기심과 체계적인 산업의 모델이다."라고 했다.

9절 | 게으른 자여 네가 어느 때까지 누워 있겠느냐[1]
네가 어느 때에 잠이 깨어 일어나겠느냐

1. '눕다'(שָׁכַב : 샤카브) : 주로 불법적인 성교를 위해 눕는 것을 묘사하는 단

어이다. 이 동사가 게으른 자와 관련하여 사용됨으로써 게으른 자의 방탕한 생활을 암시한다.

개미를 통한 비유적 교훈을 통해 근면과 성실을 촉구한 지혜자는 9-11절에서 직접적으로 게으른 자들을 향해 나태함의 불행한 결과를 강력히 경고한다.

본 절은 답이 분명한 의문을 반복적으로 제시하여 게으르고 무절제한 자들의 각성을 촉구한다. 지혜자는 게으른 자를 꾸짖으며 경고한다. '어느 때까지냐?'는 책망의 형식이다(잠 1:22; 출 10:3; 삼상 1:14, 16:1 등). 추수철은 기회의 때인 만큼 뭔가 결정적인 행동을 해야 하는데 게으름뱅이는 잠만 자고 있는 것이다. 그는 잠에 취하여 경계심도 없고, 선견지명도 없다. 그는 가난과 궁핍이 몰려오고 있는데도 모든 것을 예비하지 않고 무책임하게 삶을 허비하고 있을 뿐이다.

10절 **좀 더 자자, 좀 더 졸자, 손을 모으고[1] 좀 더 누워 있자[2] 하면**

1. '손을 모으다' : '손을 포갠 채로'를 의미한다. 여기에서 '손'은 '팔'을 가리킬 수 있다. 즉 그는 두 팔을 포개면서 엎드려 자려고 하는 것이다(잠 24:33; 전 4:5).
2. '조금 더 누워 있자' : '좀 더 쉬자'라는 뜻이다(욥 30:17; 전 2:23).

게으름이 습관화되어서 이에 대한 각성은 전혀 않고 완전히 무기력한 상태에 빠져 있는 미련한 자의 모습을 풍자적으로 묘사한 것이다.

이를 통해 지혜자는 지혜를 깨닫지 못한 자의 생활은 결국 이와 같이 무지하고 나태하다는 사실을 제시하고 있다.

9절에서 누워 잠자고 있는 사람의 모습은 10절에서 최후의 순간까지 뒤척거리며 침대에 달라붙어 있는 사람의 모습으로 이어진다. '온몸'의 동작에서 '손을 모으는' 동작으로 아무 것도 하지 않고 손을 움직이지 않는데 초점을 맞추고 있다. 또한 게으른 자의 내면적인 생각까지 드러난다. 그는 '조금만 더'를 세 번 반복하면서 잠과 졸음을 주문처럼 외우고 있다. '좀 더 자겠다'와 '좀 더 졸겠다'로 표현된 게으른 자의 의지는 사실적이라기보다 풍자적이다. 그는 잠이 더 필요하여 잠을 요청하는 것이 아니라 잠 자체를 즐기고 있다.

11절 **네 빈궁[1]이 강도 같이 오며 네 곤핍[2]이 군사 같이 이르리라**

1. '빈궁'(רֵישׁ : 레쉬) : '가난', '궁핍'을 뜻하는데, 지혜문학에서 대부분 가난은 게으르고 어리석은 자의 산물로 나타난다.
2. '곤핍'(מַחְסוֹר : 마흐소르) : '곤핍'에 해당하는 히브리어는 '마흐소르'로, '결핍'이라는 뜻이며 이것 역시 어리석은 자의 산물이다.

본 절에서는 게으름은 필경 가난을 초래한다는 것이 부각되고 있다. '강도 같이'란 말은 상황의 불예측성, 곧 빈궁이 생각지도 못한 때에 갑자기 닥치는 것을 표현한다. 그리고 '군사 같이'란 말은 상황의 불가항력, 곧 빈궁이 완전무장한 군사와 같이 막아낼 수 없고 감당할 수 없는 모습으로 닥쳐와 이를 예상치 못한 게으른 자가 그로 인해 갑작스럽게 고통을 받게 된다는 사실을 나타내는 풍자적인 표현이다.

잠과 가난의 관계도 제시되고 있다. '빈궁'과 '곤핍'은 서로 평행을 이룬다(잠 24:34). '곤핍'이란 단어는 잠언에서만 나타나며(잠 10:15, 13:18, 24:34, 28:19, 30:8, 31:7), 절대적인 빈곤을 가리킨다. 그의 처참한 상황은 '노상강도'를 만난 사람과 같다. 강도를 만나는 것은 예측 불가능하며, 한 번 당하게 될 때 치명적인 상처를 입게 된다. 강도는 무자비하고 전혀 긍휼이 없는 상태로 모든 것을 약탈하고 사정없이 다 빼앗아 간다.

'강도'보다 더 무서운 사람은 '군사'이다. 이 단어는 '방패의 사람'을 의역한 것이다. 그는 무장한 채로 신속하고 교묘하게 쳐들어온다. 군인의 공격은 예측이 불가능하며, 끝장 볼 때까지 지속적으로, 치명적으로 행해진다. 결국 게으른 자는 철저한 결핍에 직면할 것이다. 그러나 불행히도 그것을 모른다.

한 번 더 생각하기

게으른 자의 길은 가시 울타리 같으나 정직한 자의 길은 대로니라(잠 15:19)

원어로는 '게으른 자의 길은 가시밭길이며, 정직한 자의 길은 처음에는 좁고 불편한 통행로에 불과했으나 나중에 하늘에까지 올라가는 큰길이 된다.'는 의미다. 여기서 게으른 자의 길에 대조되는 정직한 자의 길은 바르게 사는 것에 대한 희생이 요구되며 힘든 길이다. 그러나 게으른 자는 불법, 편법, 술수를 쓴다.

게으른 사람은 자기의 마땅한 의무를 다하지 않은 채 계속 꾸물대며 말로만 일한다. 사냥하는 것도 도우려 하지 않고(잠 12:27), 핑계 대기를 "길에 사자가 있다, 거리에 사자가 있다."하며 문짝이 돌쩌귀에 붙어서 돌아가듯이 침대에만 붙어서 뒹굴고 밥그릇에 손을 대고서도 입에 떠 넣기조차 귀찮아한다(잠 26:13-15).

잠언은 손이 게으른 사람은 가난하게 되고, 손이 부지런한 사람은 부유하게 되며(잠 10:4), 게으른 사람은 바라는 것이 있어도 얻지 못하지만 부지런한 사람의 마음은 바라는 것을 넉넉하게 얻는다고 말한다(잠 13:4).

출애굽기 35장 21절에 보면 이스라엘 백성들은 하나님의 성막을 짓기 위해 자원하는 마음으로 귀중품을 하나님께 드렸다. 초대교회 마게도냐 성도들은 힘에 부칠 만큼 자원하여 헌금을 보냈고(고후 8:3), 베드로전서 5장 2-3절에서도 "자원함으로 양을 치고 주장하는 자세를 하지 말고 본이 되라."고 강조하는 말씀을 볼 수 있다.

아프리카의 희망 리빙스턴David Livingstone, 1813-1873은 그를 돕기 위해 영국 동료들이 "자네를 도울 사람을 보낼 테니 가기 좋은 길을 알려주게."라고 했을 때 이런 말을 남겼다.

"이곳까지 오는데 길이 있어야만 오겠다는 사람들이라면 필요 없네. 나는 길이 없어도 오겠다는 사람을 원하네."

개미는 미리미리 미래를 준비하고, 내일을 준비하며, 그리고 한여름에 겨울을 준비한다. 내일은 누구에게 열려 있는가? 그렇다. 내일은 오늘 준비하는 사람에게 열려 있다.

뮌헨 올림픽에서 쇼터Frank Charles Shorter, 1947-가 마라톤에서 우승했을 때, 워낙 무명의 선수였기에 모두가 놀라며 그에게 인터뷰를 요청해 우승 비결을 물었다. 그때 쇼터는 이렇게 말했다.

"마라톤은 남과 겨룬다고 생각하면 할수록 고통스러운 운동이다. 난 남과 겨루지 않고, 철저하게 나 자신과 경쟁하며 목표를 향해 달렸다."

목표가 없는 사람이 게으른 사람이다. 목표 지향적 삶을 살지 못하는 사람은 게으른 사람이다. 매일 그냥 돌아가는 대로 사는 사람 속에는 미래와 희망이 없다. 게으른 사람은 희생과 절제를 싫어한다.

문짝이 돌쩌귀를 따라서 도는 것 같이 게으른 자는 침상에서 도느니라(잠 26:14)

목표를 이룬 후 목표를 잃어버리면 게을러지게 된다. 게으름이 아니라 휴식이어야 하며, 바쁨 속에서의 여유여야 한다. 이런 바쁨 속에서의 여유로운 신앙생활이 바로 영원한 승리를 가져오는 것이다.

잠 6:12-19

◇

보편적 악행에 대한 경고

불량하고 악한 자는 구부러진 말을 하고 다니며 눈짓을 하며 발로 뜻을 보이며 손가락질을 하며 그의 마음에 패역을 품으며 항상 악을 꾀하여 다툼을 일으키는 자라 그러므로 그의 재앙이 갑자기 내려 당장에 멸망하여 살릴 길이 없으리라 여호와께서 미워하시는 것 곧 그의 마음에 싫어하시는 것이 예닐곱 가지이니 곧 교만한 눈과 거짓된 혀와 무죄한 자의 피를 흘리는 손과 악한 계교를 꾀하는 마음과 빨리 악으로 달려가는 발과 거짓을 말하는 망령된 증인과 및 형제 사이를 이간하는 자이니라

12-19절은 본 장에 언급되는 4개의 경고 형식의 교훈 중에 세 번째로 보편적 악행에 대한 경고가 주어진다. '불량한 자'란 '…없는'이라는 단어와 '유익'이라는 단어의 합성어로 '무가치한 자' 혹은 '우상숭배자'(신 13:13), '신성모독자'(삼상 1:16), '적그리스도'(고후 6:15) 등을 가리키는 말로 사용되었다. 구부러진 말을 하는 것은 악한 자들이 갖는 일반적 특징의 하나로, 그들의 삶이 남을 거짓으로 속이는 삶임을 보여준다.

12절 | 불량하고 악한 자는 구부러진 말을 하고 다니며

'불량자'는 앞에서도 다루어졌으며(잠 3:30), 이 용어는 강간범(삿 19:22), 위증자(왕상 21:10, 13; 잠 19:28), 배교자(신 13:14), 술 취한 자(삼상 1:16), 정치적인 불만자(삼상 10:27; 대하 13:7), 의리가 없는 자(삼상 25:17), 불경건한 자(엘리의 아들들, 삼상 2:12) 등 온갖 종류의 악인에게 적용된다. 그는 '극악무도한 자'이며 '불량자'와 '악한 자'는 동격으로 본다.

그의 말은 '구부러진 말', 즉 늘 비틀어져 있으며, 남에 대하여 말할 때 비틀리게 말한다. 그는 늘 정죄하고 심판하는 말을 하며 거짓말로 속인다(잠 19:1). 여기에는 권력의 왜곡도 포함된다.

13절 | 눈짓을 하며[1] 발로 뜻을 보이며 손가락질을 하며

1. '…짓을 하며'(קֹרֵץ : 코레츠) : '오므리다', '가늘게 하다'라는 의미의 동사 '카라츠(קרץ)'의 칼 능동 분사형으로 음흉하고 사악한 동작을 표현한다. 눈을 가늘게 뜬다는 것은 기만적이고 사특한 마음을 반영하며, 그러한 자는 남에게 근심을 끼치는 광포한 자이며, 눈짓으로 의견을 교환하는 것은 악인의 행동양식으로 나타난다.

12절에 언급되었던 불량하고 악한 자들의 특징이 열거되고 있다. 본 절은 악한 자들이 다른 사람을 함정에 빠뜨리기 위해 자기 동료들과 은밀히 악을 계획하고, 그것을 자기들이 정한 은밀한 몸짓 신호에

따라 행동에 옮기는 것을 묘사한다. 앞 절에서 '구부러진 말' 즉 비뚤어진 입은 '눈', '발', '손가락'으로 이어지며 신체의 일부를 통해 전체를 묘사하고 있다.

여기에서는 비언어적 행동들을 통해 악인의 성격을 드러낸다. '눈짓하다'는 단순한 신호가 아니라 눈의 모습을 통해 겁을 주거나 폭력으로 위협하는 비언어적 표현이다. '눈짓'은 '악한 즐거움'(시 35:19), '분열'(잠 10:10), '반역의 도모'(잠 16:30)와 같은 적대적인 행동을 표현한다. 마치 눈을 찌푸리고 흘기는 모습과 같다.

'발로 뜻을 보이며'는 뜻이 분명하지 않으며, 여기서 사용된 동사는 '말하다, 발언하다'는 뜻과 '비비다, 문지르다'는 두 가지의 뜻이 있다. 발을 비비는 모습, 즉 '불안정한 상태'의 상징으로 볼 수도 있지만, '눈'은 몸의 윗부분에 있고 '발'은 아랫부분에 있기 때문에, 이 둘이 합하여 전체적으로 비언어적인 상황을 표현하는 것으로 볼 수 있다. 그는 발을 비벼댐으로써 어떤 신호를 보내고 있는 것이다.

'손가락질한다'는 '신호를 한다'로 볼 수 있다. 성경의 다른 번역본에서는 '손가락의 암시로 가리킨다.'로 번역한다(잠 16:29). 여기에서는 다른 사람에게 어떤 행동을 하도록 지시하는 것을 말하는데, 행동 자체 속에 무서운 음해와 폭력이 있는 것으로 악을 계획하는 무언의 암호와 같다.

14절 그의 마음에 패역[1]을 품으며

항상 악을 꾀하여 다툼[2]을 일으키는 자라

1. '패역' : 문자적으로 말과 행동을 통해 남을 해치고자 하는 의도적인 악한 행위를 가리킨다(앞에서도 언급됨. 잠 2:12, 14).
2. '다툼' : 원래 '판단하다, 판결하다'에서 나왔지만 여기에서는 사람을 심각하게 이간시키며 분열시키는 행동을 뜻한다(잠 15:18).

13절에서 악한 자들의 눈, 발, 손가락 등 신체 각 부분이 악을 도모하는 데 쓰였다는 것을 표현하였던 저자는 본 절에서 그들의 마음이 악을 행하는 중심이 되었음을 밝혀 점층적인 표현을 하고 있다.

불량하고 악한 자는 항상 남을 선하게 대하지 않고 해치려고 하는 행동 특성을 갖고 있기에 패역한 자와 함께하여 스스로 화를 자초하기보다 아예 처음부터 그들과 가까이하지 않는 것이 지혜로운 행동임을 교훈한다.

앞 절에 있는 신체를 통한 언어 속에 감추어진 속뜻이 여기에서 밝혀지고 있다. 그는 맘속으로 계속 남을 해치는 생각을 하며 작전을 짜고 있다. 이들은 마치 노아 시대의 사람들과 같다(창 6:5).

15절 그러므로 그의 재앙이 갑자기 내려 당장에 멸망하여 살릴 길이 없으리라[1]

1. '살릴 길이 없으리라'(וְאֵין מַרְפֵּא : 웨엔 마르페) : '그리고 도움이 없다'라는 뜻이다. '마르페(מַרְפֵּא)'는 '도움'이나 '치료'를 뜻하는 단어로서 국가적으로 재난이 임하는 데는 도저히 피할 방법이 없다는 사실을 나타내는 데 자주 사용되었다.

'그러므로'라는 불변사[4]는 앞에 있는 악인의 성격과 그가 장차 당할 피하지 못한 벌을 밀접하게 결합시키고 있다. 그는 충격적이고 예기치 못한 죽음을 당할 것이란 뜻이다. 갑작스러운 파멸은 그의 고통을 더욱 심화시키지만, 잠언의 신학에서 본다면 주님께서 그를 심판하시는 것이다(욥 21:19, 31:3). 불량하고 악한 자는 악을 행하는 당시에는 모든 것이 자기 뜻대로 되고 남을 지배하지만, 결국 자신의 패역하고 불의한 행위로 인해 하나님께 진노의 심판을 받아 갑자기 재앙을 당하여 패망하게 되는 것이다.

'패망하다'는 말은 토기가 산산조각 나듯이 완전히 부서져 도저히 회복될 수 없는 데까지 이른 것과 같은 상태를 뜻한다. 이는 불량하고 악한 자는 그의 행동의 결과로 완전히 멸망한다는 사실을 나타냄과 동시에 악인에게 닥치는 이러한 멸망이 결코 우연히 발생하는 일이 아니라 하나님의 심판에 의한 것임을 분명히 한다.

---

4) 전치사, 전치사에서 나온 부사, 일반부사 _편집자 주

16절 | 여호와께서 미워하시는 것
곧 그의 마음에 싫어하시는 것[1]이 예닐곱 가지이니

1. '싫어하시는 것' : 본질적으로 악한 어떤 것에 대한 강렬한 적대심과 혐오감을 의미한다. 이 단어는 뒤에서 어리석은 자들과 악한 자들이 미워하는 덕스러운 행동에도 사용된다(잠 13:19 후반절, 29:27 후반절).

본 절에 명시된 '예닐곱 가지'란 말을 놓고 일부 학자들은 여섯 가지의 죄를 하나님이 미워하시지만 특히 일곱 번째의 죄를 더욱 가증스러워하신다는 것을 의미한다고 주장한다.

'예닐곱 가지'는 숫자 평행법적인 표현으로, 상황이 더욱 격렬하게 고조되는 모습을 보여준다. 그러나 본 절 이하에 언급되는 일곱 가지의 죄를 살펴볼 때 일곱 번째 죄악이 더 중한 것으로 보기는 어렵다. 왜냐하면 18절에서 '악한 계교를 꾀하는 마음'과 '빨리 악으로 달려가는 발'을 하나로 본다면 여섯 가지가 되며, 둘로 본다면 일곱 가지가 되기 때문에 '예닐곱 가지'가 '여섯 가지'인지, 혹은 '일곱 가지'인지는 분명하지 않다. 따라서 '예닐곱 가지'란 표현은 구별되는 개념이 아니라 단순히 수사학적인 표현으로, 일곱 가지의 죄 모두가 하나님 앞에서 똑같이 가증스러운 죄라는 사실을 말하고 있다.

17절 | 곧 교만한 눈과 거짓된 혀와 무죄한 자의 피를 흘리는 손과

'교만한 눈'은 눈 자체를 의미한다기보다 그 눈이 나타내어 주는 마

음의 상태를 가리킨다. 하나님이 미워하시는 일곱 가지 죄악 가운데 교만이 먼저 언급된 것은 교만이 모든 죄의 근본이 되기 때문이다. 이것은 바울이 겸손을 모든 덕의 근본으로 말한 것과 대응된다(엡 4:2).

하나님께서 교만한 자를 미워하신다는 것은 성경 곳곳에 언급된다(욥 21:22, 40:11; 시 18:27). '거짓된 혀'는 12절의 '궤휼한 입'과 맥을 같이 한다. '무죄한 자의 피를 흘리는 손'에 대해 본 절에서는 십계명 중 제6계명을 어기는 죄악을 다시 한 번 언급하여 금지함으로써 하나님은 반드시 무죄한 자의 피를 갚으시는 피의 복수자임을 강조한다(창 4:8-12).

본 절에서 '교만'과 '거짓'과 '무죄한 자의 피를 흘리는 악한 행실'은 서로 유기적인 관계를 맺고 있다. 즉 교만한 자는 자신의 교만을 나타내고자 거짓말을 일삼고 하나님을 속이며 남을 업신여기고 해치게 된다는 것이다.

'교만한 눈'은 '눈을 높이 치켜뜨는 모습'으로, 인간의 교만을 가장 잘 드러내는 표현이다(사 10:12; 단 11:12). 교만은 하나님께서 가장 미워하시며, 다른 사람의 존엄성과 권리를 인정하지 않는 태도이다. '거짓된 혀'는 '거짓의 혀'를 의역한 것이며(잠 4:24; 6:12) '살인'과 동급으로 나타난다. 법정에서의 '거짓 증언'은 이세벨이 나봇을 죽일 때 보낸 자들이 행한 살인과 다름이 없다(왕상 21:13). 예수께서도 거짓 증거 때문에 죽임을 당하셨다(행 1:20). 악의적인 거짓말은 마음의 상처로 끝나지 않고 사회적 매장을 가져오는 것이다. '무죄한 자의 피를 흘리는 손'은 아버지의 첫 가르침에서 생생하게 제시되었다(잠 1:11-14). '피를 흘리다'는 단지 '죽이다'는 뜻이 아니며, 의도적으로 사람을 죽이는 것이다(창 9:6; 겔 22:27; 왕하 21:16).

17-18절에는 하나님께서 미워하는 것 네 가지가 모두 신체적인 행동으로 묘사되는데 위에서 아래로 내려가면서 열거된다. 즉 교만한 눈, 거짓된 혀, 무죄한 자의 피를 흘리는 손, 빨리 악으로 달려가는 발의 순서로 제시하고 있다.

18절 **악한 계교[1]를 꾀하는 마음과 빨리 악으로 달려가는 발과**

1. '계교'(מַחֲשָׁבָה : 마하샤바) : 긍정적인 의미와 부정적인 의미 모두 사용되었는데, 특히 인간의 생각과는 차원이 다른 하나님의 생각을 묘사한다. 하나님의 생각은 선하지만 하나님을 멸시하는 악인의 생각은 죄악으로 가득 차 있다.

모든 악의 근본은 마음에 있다. 그러므로 악한 마음은 악한 행동을, 선한 마음은 선한 행동을 낳는다. '빨리 악으로 달려가는 발'은 선을 행함에는 더디지만 악을 행함에는 재빠른 인간의 타락과 완악함을 보여주는데, 이것 또한 하나님에 대한 경외심을 완전히 상실한 패역한 자들에게서 나타나는 특징적 현상 중의 하나이다.

그리고 내적인 태도와 외적인 행동을 하나로 묶고 있다. 즉 그는 마음으로 생각하고 바로 발로 실천에 옮긴다. 전반절에서 '악한 음모를 꾸미다'는 치밀하게 생각하고, 준비하고, 계획하는 모습이며 후반절에서 '두 발로 달린다'는 민첩하게 달려가는 모습이다(잠 1:16; 사 59:7). 즉 그는 악을 우발적으로 행하지 않고, 열정적으로 좋아하며 행하는 것이다.

19절 거짓을 말하는 망령된 증인과 및 형제 사이를 이간하는 자이니라

망령된 증인의 거짓말은 십계명 중 제9계명에서 금지하는(출 20:16) 이웃에 대한 거짓 증거뿐 아니라 자신의 죄를 감추기 위해 거짓말까지도 포함하는 폭넓은 거짓말을 가리킨다. 형제 사이를 이간하는 행위는 자신의 이기적 목적을 위해 서로 화목을 도모해야 할 이웃과 적대함으로써 분쟁을 야기한다. 이는 하나님이 정하신 기본적인 사회 질서를 파괴하는 죄악으로, 하나님께서는 이러한 죄악을 행하는 자들에 대해 무서운 심판을 준비하고 계신다(사 30:9-14; 렘9:5-7).

악인은 바로 거짓 증거를 하는 위증자이다. 전반절에서 '거짓말하다'와 '위증자'는 동격이다(잠 12:17, 19:5, 21:28). 그는 의식적으로 모든 거짓을 진실한 것처럼 꾸며 말한다. 또한 악인은 형제 사이를 이간하는 자다. 형제는 피를 나눈 형제(창 25:26)나 일가친척(창 14:14), 혹은 동족(창 31:32, 18:19)을 가리킨다. 즉 그들은 동일한 조상에게서 나온 자들이며, '외인'과는 다른 관계에 있다(잠 2:16, 5:10). 따라서 가까운 형제를 이간할 때 가장 심각한 분쟁과 불화를 겪을 수 있다. 주님이 미워하시는 것은 우상숭배뿐만 아니라 윤리적인 죄이다.

잠 6:20-21

◇

잠언에서 말하는 부모 공경

내 아들아 네 아비의 명령을 지키며 네 어미의 법을 떠나지 말고 그것을 항상 네 마음에 새기며 네 목에 매라

20절 | 내 아들아 네 아비의 명령을 지키며
네 어미의 법을 떠나지 말고

1장 8절의 반복된 교훈으로, 죄의 유혹에 빠지기 쉬운 청년들에게 인생의 경험이 풍부한 부모 및 어른들의 훈계가 좋은 길잡이가 됨을 깨우쳐 준다. '아버지의 명령'과 '어머니의 법'은 이미 앞에서 제시되었지만 아버지도 법(토라)을 가르치며(잠 3:1, 4:2, 7:2), 어머니도 훈계한다(잠 31:1). 르무엘의 어머니는 왕인 아들을 가르친다.

21절 | 그것을 항상 네 마음에 새기며[1] 네 목에 매라

1. '새기다'(קָשַׁר : 카샤르) : '연합하다', '묶다'라는 뜻. 지혜의 말씀을 마음에

> 붙들어 매라는 것은 모든 생각과 행위가 말씀에 의해 지배 받도록 하라는 것이다.

3장 3절 하반절의 반복된 교훈으로, '마음에 새기라'는 말은 아비의 명령과 어미의 법을 모든 행동의 판단 기준으로 삼으라는 것이며, '목에 매라'는 말은 지혜로운 행동으로 자신의 인격을 목에 거는 장신구와 같이 남들에게 드러내라는 뜻이다.

이 절에는 '매다'라는 뜻을 가진 두 개의 동사가 나타나는데, 두 번째 '매다'라는 동사는 오직 이 부분과 욥기 31장 36절에 나타난다.

한 학자는 이 두 동사가 부적을 매는 고대의 관습과 연관되어 있다고 본다. 왜냐하면 잠언의 본문에서 '걸어두다'와 '매다'라는 동사 다음에 '걷다', '자다', '깨다'라는 3개의 동사가 나오기 때문이다(22절). 즉 부모의 가르침을 어디를 가든지, 무엇을 하든지 목걸이처럼 항상 매고 다녀야 함을 가르치고 있다.

한 번 더 생각하기

하나님은 한결같이 "네 부모를 공경하라. 이것이 약속 있는 첫 계명이라. 네가 이것을 행함으로 말미암아 땅에서 잘 되고 장수하고 복을 누리게 될 것이다."라고 말씀하신다(엡 6:1-3). 왜 십계명의 많은 계명 가운데 유일하게 부모 공경에 대한 계명만 옵션이 붙어 있을까? 왜냐하면 이것을 실천하는 것이 쉽지 않기 때문이다. 또한 아무나 할 수 없기 때문이다. 우리가 잊지 말아야 할 것 중의 하나는 신앙생활의 많은 부분이 부모와 연결된다는 사실이다. 부모는 하나님의 대리자로 하나님께서 이 땅에 두신 것이다.

성경에서는 계속 우리에게 부모 공경에 대한 계명을 강조한다. 그것은 부모를 위한 강조가 아니라 이 시대를 살아가는 자녀 세대를 위한 계명이다. 자녀 된 우리가 이 땅에서 복 되고 축복된 삶을 누리기를 원한다면 부모를 공경해야 한다는 것이다.

뿐만 아니라 부모 공경의 계명은 단지 우리 부모의 공경만이 아니라 어른들에 대한 존경과 어른들에 대한 예의를 갖추는 것을 포함한다. 즉 기독교 질서에 대한 계명이다. 이 질서의 계명은 어른들의 가르침과 또 그들에 대한 공경심이 우리들에게 계속 이어져야 할 필요가 있음을 포괄적으로 가르치고 있다.

잠 6:22-35

◇

지혜를 반려자로 삼아라

그것이 네가 다닐 때에 너를 인도하며 네가 잘 때에 너를 보호하며 네가 깰 때에 너와 더불어 말하리니 대저 명령은 등불이요 법은 빛이요 훈계의 책망은 곧 생명의 길이라 이것이 너를 지켜 악한 여인에게, 이방 여인의 혀로 호리는 말에 빠지지 않게 하리라 네 마음에 그의 아름다움을 탐하지 말며 그 눈꺼풀에 홀리지 말라 음녀로 말미암아 사람이 한 조각 떡만 남게 됨이며 음란한 여인은 귀한 생명을 사냥함이니라 사람이 불을 품에 품고서야 어찌 그의 옷이 타지 아니하겠으며 사람이 숯불을 밟고서야 어찌 그의 발이 데지 아니하겠느냐 남의 아내와 통간하는 자도 이와 같을 것이라 그를 만지는 자마다 벌을 면하지 못하리라 도둑이 만일 주릴 때에 배를 채우려고 도둑질하면 사람이 그를 멸시하지는 아니하려니와 들키면 칠 배를 갚아야 하리니 심지어 자기 집에 있는 것을 다 내주게 되리라 여인과 간음하는 자는 무지한 자라 이것을 행하는 자는 자기의 영혼을 망하게 하며 상함과 능욕을 받고 부끄러움을 씻을 수 없게 되나니 남편이 투기로 분노하여 원수 갚는 날에 용서하지 아니하고 어떤 보상도 받지 아니하며 많은 선물을 줄지라도 듣지 아니하리라

22절 | 그것이 네가 다닐 때[1]에 너를 인도하며
네가 잘 때[1]에 너를 보호하며
네가 깰 때[1]에 너와 더불어 말하리니

1. '다닐 때, 잘 때, 깰 때'는 삶의 전 행동을, '인도, 보호, 대화'는 하나님의 지혜를 추구하고 순종하는 자에게 주어질 삶의 모든 측면의 축복을 각기 상징하는 말이다.

본 절은 아버지의 가르침이 깨어 있을 때에나 잠잘 때에나 항상 유익할 것에 대하여 말한다. 전반절에서 주어인 '그것'이 단수로 표현된 것은, 아버지의 '명령'과 어머니의 '법'은 동일한 실체를 가리키기 때문이다. '네가 다닐 때에'는 지속성을 보여주며, 아들의 삶을 습관적으로 보여준다. '인도하다'는 광야에서 목자가 양을 인도할 때 사용되며(시 23:1, 77:20), 안전하고 편안하게 목적지까지 인도하는 모습을 시사해 준다(출 15:13; 신 32:12; 시 23:2, 78:14, 53).

중반절에는 '네가 잘 때에'가 나오는데, 이는 '잠잘 때'를 말하기 때문에 후반절의 '네가 깰 때에'와 대응구를 이룬다고 생각하기 쉽다. 그러나 다른 성경의 번역본에서는 이 구를 상반절의 '네가 다닐 때에'와 연결시켜 읽도록 함으로써 '행동'과 '쉼'에 있어서 주님이 늘 지켜 주실 것을 말해 준다(신 6:7; 시 139:2).

후반절에서 아주 새로운 요소가 나타난다. '네가 깰 때에'는 새벽 시간을 말해 주며, 위험한 밤에도 주님께서 지켜주셨음을 드러낸다(잠 3:24). '더불어 말하다'는 '큰소리와 열정을 가지고, 감정을 불어넣어 하는 말'이다. 즉 잠에서 깨어날 때 지혜의 가르침이 '말벗'이 되어 준다는 것이다. 마치 아이가 깰 때 어머니와 아버지가 그와 함께 말을 나누는 것 같은 분위기를 보여주고 있다.

부모의 가르침은 아들을 '인도하고, 보호하며', 그와 '더불어 말하는' 존재와 같다. 즉 그것은 내면화된 지혜가 되어 아들의 마음속에서 끊임없이 대화하는 친구가 되며, 그에게 새로운 의식과 양심을 일깨워주고, 도덕적인 규범과 판단력을 줄 것이다. 의인화된 지혜는 친구, 보호자, 스승이 된다. 그는 항상 동행하고, 위험에서 지켜주며, 좋은 생각을 하게 해준다. 따라서 음녀 대신 지혜를 반려자로 삼을 수밖에 없다.

23절 **대저 명령은 등불이요 법은 빛이요**
훈계의 책망[1]은 곧 생명의 길이라

1. '책망'(תּוֹכַחַת:토케호트) : '견책하다'라는 의미의 동사 '야카흐(יכח)'에서 유래한 명사. 견책이 숨은 사랑보다 나은 이유는 그것이 존귀와 생명을 가져다주기 때문이다. 견책을 싫어하는 자는 죽음에 이르게 된다. 이는 견책을 무시하는 자는 계속적으로 죄악 된 삶을 살기 때문에 결국은 심판을 받아 패망하게 됨을 의미한다.

'명령'은 인간이 하나님 앞에서 마땅히 해야 할 일과 하지 말아야 할 일을 구체적으로 지시하는 규례와 법도이며, '법'은 모세의 율법을 포함한 일반적인 하나님의 계명과 율법을 의미한다. 즉 '명령'이 특수한 것이라면 '법'은 일반적인 것이다. 이와 관련하여 '등불'과 '빛' 역시 구분된다. '등불'은 촛불과 같이 비교적 범위가 좁은 일정한 부분만을 비추는 빛으로, 인간의 삶에 있어서 국지적이고, 보다 구체적인 규범을 뜻하는 '명령'을 상징한다.

이와 대응되는 '빛'은 태양의 빛처럼 일반적인 의미이며, 인간의 삶을 조명하고 규제하는, 보다 포괄적이고 일반적인 의미에서의 계율을 뜻하는 '법'의 상징이다. 여기에서 명령과 법은 다 양심을 비춰주며 생명 길을 걷게 하는 삶의 빛인 것이다(시 19:8, 119:105).

'훈계의 책망'을 직역하면 '훈계적인 책망'으로, 영혼을 훈련시키며 성품을 도덕적으로 승화시키려는 목적 하에서 행해지는 책망이다. 책망은 생명으로 인도하며 생명을 연장시키는 데 이바지한다.

20절에 부모의 '명령'과 '법'이 제시되었으므로 여기에서의 명령과 법은 부모의 것으로 보아야 한다(잠 1:8, 2:1, 3:1, 4:2, 4, 7:1, 2). 바로 앞 절에서 지혜가 아들을 인도할 것이라고 했는데(22절 전반부), 어떻게 인도할 것인지를 여기에서 제시하고 있다.

즉 지혜는 빛과 길로 아들을 인도할 것이다. '등불'과 '빛'은 자주 한 쌍을 이루어 나타나며(욥 18:6, 29:3; 잠 13:9), 성공과 행복을 뜻하는 은유로 사용된다. 지혜는 특히 어두운 길을 걸어갈 때 환한 빛이 된다. 즉 지혜는 바른 길일 뿐 아니라 밝은 길이다. 등불은 어둠 속에서 치명적인 위험을 피하게 한다.

24절 | 이것이 너를 지켜 악한 여인에게,
이방 여인의 혀로 호리는 말에 빠지지 않게 하리라

앞 절에서 언급했던 교훈, 즉 사람이 지혜의 교훈을 준행하며 살 때 누릴 수 있는 구체적 유익들을 나타내는 말씀이다.

앞 절에서 부모의 계명이 어둠 속을 걷고 있는 아들을 지켜 줄 것이라고 했는데, 이제 '어둠'이 구체적으로 예증되고 있다. 젊은 아들이 당할 위험 가운데 하나는 음녀의 유혹이다. 음녀는 '깊은 구덩이'이기 때문이다(잠 22:14, 23:27). 부모의 교훈을 몸에 지니고 다닐 때 이런 구덩이에 빠지지 않게 될 것이다(잠 7:5).

이 절에서 처음으로 음녀는 '악한 여인'과 '이방 여인'으로 소개되고 있다. '악한 여인'은 원어에서 '악의 여인'이며, '악의 남자'(잠 28:5)와 한 쌍을 이룬다. 이 여인이 악한 것은 그가 유혹한 사람을 최종적으로 악의 구렁텅이에 빠뜨리기 때문이다. 이 여인이 '이방 여인'이라는 것은 인종적인 문제가 아니라 윤리적, 도덕적으로 정상적인 사회적 규범 밖에 있기 때문이다(잠 5:10, 20). 이 여인은 언어의 무기로 아들을 유혹한다(잠 2:16, 5:3, 7:5). 남자들은 유혹에 약할 뿐 아니라 아첨에 약하며, 여인의 아름다움에 약할 뿐 아니라 허영에도 약하다.

25절 **네 마음에 그의 아름다움을 탐하지[1] 말며**
그 눈꺼풀에 홀리지 말라

1. '탐하다'(חָמַד : 하마드) : '몹시 바라다', '탐내다'라는 의미이다. 이 단어의 부정적인 용법은 십계명 가운데 이웃의 것들을 탐해서는 안 된다는 마지막 계명에서 나타난다. 우상을 장식한 금이나 땅, 전리품 등도 탐욕의 대상으로 삼는 것을 금하였다.

'네 마음에…탐하지 말며'는 악의 내적 경향을 경계하는 말이며, '그 눈꺼풀에 홀리지 말라'는 악의 외적 유혹을 경계하는 말이다. '눈꺼풀'은 음녀가 사람을 유혹하기 위해 추파를 던지는 요염한 눈짓을 가리킨다.

지혜자는 '그의 아름다움을 탐하지 말라'는 강한 금지로 가르침을 시작한다. 여기에서 '아름다움'은 하나님을 경외하는 여인이 뿜어내는 내면적인 아름다움이 아니라(잠 31:30) 관능적이며 육체적인 아름다움이다. 남자들은 여자의 육체적인 아름다움에 쉽게 매혹되기 때문에 아버지는 외모에 혹하지 않도록 주의를 환기시킨다. 아들이 음녀를 바라볼 때 그의 마음속에는 성적인 욕망이 끓어오를 수 있다. 여기에서도 강조되는 것은 '마음'이다(마 5:27-28). 그는 자신의 마음을 잘 다스려야 한다.

후반절의 '그 눈꺼풀에 홀리지 말라'는 눈의 접촉을 통해 욕심이 일어남을 말해 준다. 여인의 유혹에서 가장 강렬한 것은 눈이다. 아들은 그녀의 눈길에 빨려들 수 있으므로 조심해야 한다. '눈꺼풀'은 속눈썹(욥 16:16)일 수 있으며, 유혹의 도구로써 진한 화장을 한 눈(잠 4:25)이나 눈짓으로 볼 수도 있다.

26절 **음녀로 말미암아 사람이 한 조각 떡만 남게 됨이며**
음란한 여인[1]은 귀한 생명을 사냥함이니라[2]

1. '음란한 여인' : '한 남자의 여자'이다. 그러나 여기서는 간부를 가리키는 말로 사용되었다(레 10:10).
2. '사냥하다' : '누워서 기다리다', '잡다'라는 뜻으로 악한 자가 계교를 써서 선량한 사람을 잡는 것을 가리킨다(애 3:52; 미 7:2).

지혜자는 음행이 가져오는 파국적 결과의 첫째로 경제적 파산을 들고 있다. '한 조각 떡'이란 부스러기와 같이 아주 작은 떡을 가리키는 것으로, 음녀에 빠짐으로 말미암아 경제적 큰 손해를 입게 됨을 의미한다(출 29:23; 삼상 2:36).

본 절은 '음녀는 선량한 사람의 생명을 잡는다'는 뜻인데 일차적으로는 행음한 남녀가 모세의 율법에 의해 돌에 맞아 죽는 것을 염두에 둔 표현이며(32-35절), 궁극적으로는 사람이 음해에 빠짐으로 결국 하나님의 심판을 받아 영적 생명을 잃게 되는 것을 시사하고 있다.

한 신학자는 이 구절을 "그 어느 누구도 설명하지 못한 격언"이라고 했다. 하지만 첫 행의 '창녀'와 후반절의 '남의 아내'의 대조가 뚜렷함을 볼 수 있다. 즉 본 절은 앞 절에 대한 동기절로, '왜냐하면 창녀는 빵 한 덩어리에라도 몸을 팔지만 음란한 계집은 귀중한 생명을 앗아가기 때문이다'로 새롭게 번역되어야 한다. 이리하여 '창녀'와 '유부녀'가 대조되며, 이 대조를 통해 뒤따라 나오는 유부녀와의 간음 주제를 자연스럽게 발전시킨다(27-35절).

본 절은 '창녀의 요금'과 '유부녀와의 간음의 대가'를 대조한다고 보는 것이 자연스럽다. 첫 행에는 동사가 없으며 일반적으로 '음녀로 말미암아 사람이 한 조각 떡만 남게 된다'로 번역할 수 있다. 또 다른 해석도 가능한데, '창녀를 떡 한 조각에 살 수 있다'는 뜻으로도 해석할 수 있다. 물론 유다가 다말을 창녀로 알고 '염소 새끼 한 마리'를 지불하겠다고 약속한 것을 볼 때(창 38:17), '떡 한 조각'은 매우 적은 요금이다. 사무엘서에서는 '떡 한 조각'과 '은 한 조각'은 제사장이 받는 최소한의 봉급이기도 하다(삼상 2:36). 따라서 '떡 한 조각'은 최소한의 경비로 이해할 수 있다.

후반절에 '음란한 여인은 귀한 생명을 사냥한다'는 말도 이해하기 쉽지 않다. 여기에서 '생명'은 일반적으로 '풍성함, 소중함'으로 이해될 수 있으므로 '많은 돈'으로 볼 수 있다. 그렇다면 이 여인은 그의 애인에게 사치스러운 삶을 요구하는 것으로 볼 수 있다. 그녀는 자신의 사치를 만족시킬 수 있어야하기 때문에 부자만을 애인으로 삼는다. 또한 '생명'은 목숨 자체로 볼 수도 있다(잠 1:18, 19).

이렇게 볼 때, 이 여인은 젊은이를 먹이로 삼고 사냥하려고 한다(겔 13:18, 20). 이 여인은 사냥꾼처럼 먹이에 몰래 접근하며 작살로 찍어 죽인다. 그녀는 자신의 성적인 욕망을 만족시키며, 최종적으로 그의 먹이를 죽인다. 이런 점에서 그는 부도덕하고, 악마적이다. 정리하면 '창녀의 값을 떡 한 조각에 비한다면, 유부녀와의 관계에는 목숨을 걸어야한다'는 점을 말하고 있다. 즉 유부녀와 간음한 대가는 돈으로 환산할 수 없다는 것이다.

27절 | **사람이 불을 품에 품고서야[1]**
어찌 그의 옷이 타지 아니하겠으며

1. '품다'(חתה : 하타) : '취하다', '움켜쥐다'라는 의미를 지니는데, 이 동사의 미완료형과 의문사 '하(הֲ)'가 결합되어 가슴에 불을 품고 있는 행위가 어찌 말이 되겠느냐는 수사 의문문이다. 만일 그렇게 한다면 반드시 옷이 타버리지 않겠느냐는 것이다.

본 절과 다음 절은 음행에 빠진 자가 재산을 탕진함은 물론 현세와 내세의 생명까지도 잃게 되는 일의 당위성을 반어법적 비유를 통해 설명한다. '불을 품에 품다'는 말은 '난로에서 타는 불을 꺼내어 품다'란 뜻으로, 음행의 죄에 대한 무서운 심판의 도덕적 필연성을 말해 준다.

앞 절에서 벌금의 심각성이 제시되었는데 본 절에서는 심판의 불가피성을 진술하며 질문 형식으로 답을 한다. 즉 간음은 어린아이들의 불장난이며, 그 결과는 명료하다는 것이다(욥 31:12). 불을 만지면 화상을 입게 되는 것처럼, 남의 아내는 접촉만 하여도 심각한 상처를 입을 것이다. 여기에서는 간음한 사람이 당할 심판이 어떤 성격인지 분명히 제시되지는 않지만 하나님의 심판, 남편의 심판, 공동체의 심판 등 모두 포함될 수 있다.

28절 | **사람이 숯불을 밟고서야 어찌 그의 발이 데지 아니하겠느냐**

앞 절과 마찬가지로 음행을 범한 자는 필연적으로 하나님의 엄중한 보응을 받게 됨을 강조한다. 한편 '데다'라는 말은 상처 자국이 깊이 생길 정도로 심하게 데였다는 말로, 음행의 결과 육체적, 정신적, 영적으로 평생 지울 수 없는 심각한 상처를 입었다는 사실을 교훈한다.

앞 절의 '불'의 은유는 '숯불'로 심화된다(잠 25:22). 또한 앞에서는 불이 옷에 붙었기 때문에 옷을 벗을 수 있지만 여기에서는 사람이 '숯불을 직접 밟고 있는 모습'을 통해 이미지를 훨씬 더 강화한다. 달리 보자면 이 절은 '불가능한 질문'이라고 볼 수 있다. 왜냐하면 이 질문은 보편적으로 인정된 어리석고 치명적인 행동을 말하기 때문이다.

'사람'과 '불'은 히브리어 발음에서도 유사하며, 앞에 있는 '남편 있는 여인'을 상기시켜 준다. 숯불을 밟고 있는 발의 모습은 간음의 위험과 파멸을 잘 그리고 있다. 여기서 '발'은 남성의 성기로서 이중적 의미를 가진다고 볼 수 있다(잠 5:5; 출 4:25; 삿 3:24; 사 6:2, 7:20). 즉 그의 성기가 마치 숯불에 불타는 것 같은 고통과 심판을 당하는 것이다.

29절 | **남[1]의 아내와 통간하는 자도 이와 같을 것이라**
그를 만지는 자마다 벌을 면하지 못하리라

1. '남'(רֵעַ : 레아) : 남의 아내에서 '남'에 해당하는 히브리어 '레아(רֵעַ)'는 가까운 친구나 이웃, 또는 우연히 만난 동료까지도 포함하며, 율법은 이웃이 사랑의 대상이라는 사실을 말한다.

본 절을 직역하면 '이렇게 그의 이웃의 아내에게 들어가는 자, 그녀와 접촉하는 모두는 죄 없게 되지 아니하리라'이다. 음행을 매우 적극적으로 금지하는 교훈으로, 특히 본 절은 남녀 간의 불순한 성행위뿐만 아니라 음란한 생각으로 남의 아내를 만지는 것까지도 음행으로 보고 이것을 금지하고 있다. 이는 궁극적으로 '여자를 보고 음욕을 품는 자마다 마음에 이미 간음하였다'는 예수의 말씀과 일맥상통하는 교훈이다(마 5:28).

지혜자는 외도의 치명적 대가에 대하여 결론을 내린다. '이웃의 아내에게 들어가는 자'는 여성과의 성적인 관계를 잘 드러내주며(잠 2:19), 바로 앞에 있는 '숯불을 밟다'에서 연상되는 바를 구체화시켜 준다. '남의 아내'는 '이웃의 아내'이며, 간음이라는 현재의 정황을 명백히 해준다(잠 3:28, 6:1).

'죄 없게 되지 아니하리라'는 문자적으로 보면 '무죄하지 못하다'는 뜻이다. 따라서 심판이 불가피하다. '벌을 면하지 못하리라'는 형식은 잠언에서 빈번하게 나타나지만(잠 11:21, 16:5, 17:5, 19:5, 9, 28:20), 그 어디에서도 심판의 주체가 나타나지 않고 16장 5절에서는 여호와께서 친히 심판하신다. 그러나 여기에서는 심판의 주체로 여인의 남편이 언급된다(34절).

30절 | 도둑이 만일 주릴 때에 배를 채우려고 도둑질하면
사람이 그를 멸시하지는 아니하려니와

30, 31절에서는 음행의 죄에 대한 형벌의 중함을 설명하기 위해 불가피한 상황, 곧 배고픔을 면하기 위해 우발적으로 저지른 도둑질에

대한 규례를 예로 들고 있다. 굶주림으로 인한 도둑질은 죄가 면제된다는 뜻이 아니라 형벌의 대상은 될지라도 그 어려운 상황으로 인해 어느 정도 정상참작이 됨은 물론 악인으로 취급받는 등 인간적인 모멸은 당치 않는다는 말이다.

본 절은 앞의 질문형에서 서술문으로 넘어오며, 간음한 사람이 당할 힘든 고통을 설명한다. 간음한 사람은 도둑과 비교되며, 도둑보다 더 못나고 어리석은 사람으로 그려진다. 도둑이 만약 배고파서 도둑질을 하였다면 사람들이 그를 최소한 멸시하지는 않는다. '배고픔'은 처절한 굶주림이며, 기근 때의 배고픔과 같은 단어이다(창 41:55, 사 8:21, 9:20). 이런 상황 속에서의 도둑질은 어리석은 짓이지만 어떤 불가피성을 인정받을 수 있다. 그러나 간음의 불가피성은 인정받을 수 있는 길이 없다.

31절 **들키면 칠 배를 갚아야[1] 하리니**
심지어 자기 집에 있는 것을 다 내주게 되리라

1. '갚다'(שׁלם: 샬람) : 완성이라는 개념을 내포하는데, 서원을 갚음으로 계약을 완성하는 것, 죄에 대해 보응함으로써 의무를 완성하는 것 등에 관하여 묘사한다.

도둑의 상황이 아무리 애처롭고 불가피하였다 하더라도 만약 그가 '들킨다'면 배상을 면할 수 없다. 율법에 의하면 도둑질한 자의 경우 도둑질한 물건의 종류나 그로 인해 발생한 피해의 정도에 따라 5배, 4배, 2배의 배상해야 하며(출 22:1-4), 만일 배상할 능력이 없으면 노예로 팔

려간다(레 25:39). 본 절에서 '칠 배'라고 한 것은 단순히 일곱 배의 배상이 아니라 자신의 잘못에 대해 완전히 보상함으로써 그 형벌의 책임을 감당해야 된다는 표현이다.

이처럼 배고픔을 면하기 위한 일시적이며 우발적인 범행에 대한 형벌도 엄중한데 하물며 계획적, 고의적인 범행이며 파렴치한 범죄에 해당하는 음행의 죄에 대한 형벌이야 더욱 엄중할 것이 분명하다.

32절 | 여인과 간음하는 자는 무지한 자라
이것을 행하는 자는 자기의 영혼을 망하게 하며

'영혼'은 다음 절에 비추어 볼 때 일시적으로는 육체적 생명을 가리키지만, 근본적으로는 영적 생명까지도 가리킨다고 보는 것이 합당하다. 간음은 사람의 육체뿐만 아니라 영혼까지도 망하게 하는 패역한 죄다. 한편 '무지한 자'란 말은 문자적으로 '마음이 없는 자'란 뜻으로, 자신의 행위에 따른 일의 결과를 전혀 예상치 못하는 어리석은 자, 곧 육욕에 사로잡혀 이성적인 판단능력이 완전히 마비된 상태에 있는 자를 가리킨다.

다른 사람의 아내와 간음한 자는 '무지한 자'이다(출 20:14; 신 5:18). 구약의 법에서 일부다처(출 21:10), 음행(출 22:16, 17), '유부녀와의 간음'은 그 성질이 전혀 다르다. 이런 관계는 치명적이며, 이런 사람은 정신적으로 무지하며 자신을 스스로 파멸시키는 자이다(잠 5:22-23).

33절 **상함과 능욕을 받고 부끄러움을 씻을 수 없게 되나니**[1]

1. '씻다'(מָחָה: 마하) : 씻어 내거나 닦아 내는 것, 지우거나 제거하는 것을 의미한다. 본 절에서는 이 동사의 미완료형이 강한 의미의 부정어 '로'와 함께 사용되어 '결코 씻어 낼 수 없을 것이다' 혹은 '결코 제거되지 않을 것이다'라는 영속적인 의미를 나타낸다.

간음한 자는 모든 사람들 앞에서 부끄러움을 당하게 될 뿐만 아니라 심지어는 사람들에게 돌로 쳐 죽임을 당하게 되는 무서운 결과를 맞이할 것이라는 사실을 시사한다(레 20:10; 신 22:22-25). 지혜자는 젊은이들이 자신들을 권면하는 지혜의 훈계를 무시하고, 순간적인 육체의 쾌락을 위해 간음을 행한다면 반드시 그에 상응하는 무서운 형벌을 받을 것이라는 사실을 교훈한다.

간음은 '자살 행위'이다. 그러나 간음한 사람은 바로 죽지도 않으며, 살아 있는 동안 상처를 가지고 모욕과 부끄러움을 당한다. 상처는 다른 사람에게 두들겨 맞거나(신 17:8, 21:5), 하나님의 징계를 받거나(출 11:2), 질병에 걸리는 것 등을 말한다(레 13-14장).

'상함과 능욕'이 함께 나타날 때에는 중언법[5)]으로서 '수치를 일으키는 상처'를 말한다. 후반절에서는 사회적 매장을 뜻하는 '부끄러움'이 제시된다. 간음자는 간음의 흔적과 수치의 흔적을 지울 길 없이 평생 지니고 가게 된다.

---

5) hendiadys, 하나의 복잡한 개념이 접속사로 연결되는 두 단어로 표현되는 것을 말한다. _편집자 주

34절 | 남편이 투기로 분노하여 원수 갚는 날에 용서하지 아니하고

타인의 아내와 간음한 사람이 사회적으로 매를 맞고 수치를 당하며 파산할 수밖에 없는 이유가 제시된다. 그 이유는 상대방 남편의 '분노'에 있다. 전반절의 '남편이 투기로 분노하여'는 '질투심은 남자의 분노이다'의 의역이며, '질투심이 남자를 불태운다'로 번역할 수도 있다. 성경에 "분은 잔인하고 노는 창수 같거니와 투기 앞에야 누가 서리요"(잠 27:4)라고 하였다. 사실 이 세상에 무서운 것이 많지만 질투보다 더 무서운 것은 없다.

'남편'으로 번역된 단어는 원래 '힘 있는 사람'이란 뜻이며, '용사'와 어근이 같다. 유부녀의 남편은 무서운 완력으로 간음한 자를 심판할 것이다. 간음한 여자의 남편은 자기 아내의 육체적인 부정을 생각할 때 그 마음에 격분이 일어나며, 자신의 명예가 상처받았기 때문에 그 명예를 회복하려고 아내와 간음한 자를 결코 용서치 않는 것이다. 본 절은 앞 절과 마찬가지로 지혜의 훈계를 무시하고 음행을 행한 어리석은 자가 반드시 맞이할 수밖에 없는 비참한 결과를 매우 사실적으로 묘사하고 있다.

'원수 갚는 날'이란 일차적으로는 음행한 남녀가 재판받는 날을 의미하지만, 보다 넓게는 간음한 여인의 남편이 음행한 남녀를 해칠 수 있는 모든 경우의 때를 포함한다고 볼 수 있다.

35절 어떤 보상[1]도 받지 아니하며
많은 선물을 줄지라도 듣지 아니하리라

1. '보상'(כֹּפֶר: 코페르) : '몸값', '뇌물', '속전' 등을 가리키는데, 이 단어의 신학적인 의미는 이스라엘의 속량물로 주어진 애굽을 묘사한다. 이 단어의 부정적인 의미는 상대방의 호감을 사기 위한 뇌물을 지칭하는 경우이다. 본 절에서는 이 단어가 죄를 지은 것에 대한 보상을 뜻한다.

'보상'은 법적인 용어이며, '임박한 심판을 피하기 위한 보상금'을 말한다(출 21:30, 30:12). 여기에서의 '선물'은 자신의 잘못을 감추기 위해 주는 것으로 뇌물과 같은 의미이다. 고대사회에서 간음에 대한 법적인 형벌은 죽음이었다. 이것을 피하기 위하여 많은 뇌물로 법관을 매수하여 죽음을 피하려고 하지만, 상처받은 남편이 더 힘센 변호사를 사서 그를 죽음으로 몰고 가는 것이다.

일반적인 상황에서 선물은 분노를 가라앉힌다(잠 21:14). 그러나 결혼 관계 속에서 순결과 진실이 침범되면 그 어떤 선물도 아무런 소용이 없다. 고대 이스라엘에서 결혼할 때에 남편은 아내의 부모에게 지참금을 제공하며, 아내를 법적으로 소유할 수 있는 권리를 갖게 된다. 아내가 간음하게 되면 간음한 남자와 함께 죽음을 당하게 되었다(신 22:22). 하지만 현실적으로는 금전적인 보상으로 문제를 해결할 수도 있었다(민 35:31-32; 출 21:30).

그러나 상처받은 남편은 어떤 보상도 거부하며 간음한 자가 매를 맞거나 수치를 당하거나 모든 소유를 잃게 되어도 얼굴을 들지 않을 것이다. 즉 모든 타협을 '거부'할 것이다. 음행의 죄는 어떠한 보상이나 뇌물로도 용서받을 수 없는 큰 죄라는 의미이다. 이러한 사실은 범죄에 대한 대가로 보상을 해주면 형벌이 면제되는 불가피한 상황에서의 도둑질과 음행죄 사이에는 근본적으로 현격한 차이가 있다는 것을 일깨워 준다. 나아가 하나님을 배반하고 우상 숭배하는 영적인 간음에 대한 하나님의 심판 역시 매우 엄정하고 철저히 시행될 것임도 시사해 준다.

한 번 더 생각하기

지혜가 우리에게 요구하는 삶은 반드시 쉬운 것만은 아니다. 포기해야 하는 많은 것들은 우리가 간절히 원하는 것이거나 삶을 더욱 편하게 만드는 것들이다. 우리가 해야 하는 많은 일들은 힘든 일이고, 어쩌면 육체적으로뿐만 아니라 영적으로나 정서적으로 감당하기 힘든 일이다. 그렇지만 그 결과는 충분히 가치가 있다. 그 경주의 끝에서 받는 상은 힘든 일을 통해 얻은 것이고, 반드시 놀라운 유익이 있다.

앞으로 살아갈 방법을 알기 위해서 예전의 삶을 돌아보거나 과거의 영향력에 의존해서는 안 된다. 돌아갈 길을 기억해낼 수 있는 여지를 만들어서도 안 된다. 이전의 삶에 완전한 단절을 선언해야 한다. 예수님이 우리에게 원하시는 새로운 삶을 더 잘 살 수 있는 방법은 이전의 삶과는 아무런 관계가 없다는 것을 기억해야만 한다.

이것이 바로 지혜가 자신을 따르라고 말하면서 강조했던 것이다. 지혜는 그리스도 안에서 새로운 삶의 길을 살아가게 한다. 바로 화평과 사랑과 희락의 길이다. 이것이 우리 영혼의 소원이 온전히 충만해질 수 있는 비결이다. 불순종과 무례함, 게으름의 삶과 온전한 단절을 이루며 눈을 들어 지혜의 길이 보여주는 미래를 바라보고, 과거는 과거의 일로 끝내야 한다.

잠언 7장

청년들아 음녀의 길을 경계하라

유혹은 때로 한쪽 어깨 위에는 천사가, 다른 한쪽 어깨 위에는 사탄이 앉아서 서로 자신의 말을 듣게 하려고 우리의 귀에다 대고 속삭이는 모습으로 그려진다. 천사는 우리로 하여금 다른 사람을 생각하고 즉각적으로 자신의 만족을 추구하는 것을 포기하며 올바른 일을 하게 하는 반면, 사탄은 자신의 욕구를 따르며 지금 당장 원하는 일을 하게 만든다. 물론 누가 이기는가는 그 사람이 누구의 말을 듣는가에 달려 있다.

잠언의 이 단락에서도 솔로몬은 한쪽 어깨 위에는 지혜의 천사를, 다른 쪽 어깨 위에는 어리석음의 사탄을 올려놓는 것을 상상하게 한다. 그 다음 한 단계 더 나아간다. 그는 지혜의 이야기를 들었을 때와 어리석음의 이야기를 들었을 때의 결과가 뭔지를 보여준다. 그는 우리로 하여금 선택의 결과를 바라본 후에 어느 하나를 선택할 것을 요구한다. 물론 선택의 결과를 보는 능력은 결정에 큰 도움이 된다. 영적으로 근시안적인 사람은 자기 앞에 놓인 결과를 보면서도 여전히 어리석음을 행하게 하려는 사탄의 제안을 받아들일 것이다.

잠 7:1-5

◇

말씀이 너를 지키리라

내 아들아 내 말을 지키며 내 계명을 간직하라 내 계명을 지켜 살며 내 법을 네 눈동자처럼 지키라 이것을 네 손가락에 매며 이것을 네 마음판에 새기라 지혜에게 너는 내 누이라 하며 명철에게 너는 내 친족이라 하라 그리하면 이것이 너를 지켜서 음녀에게, 말로 호리는 이방 여인에게 빠지지 않게 하리라

1절 **내 아들아 내 말을 지키며[1] 내 계명을 간직하라**

1. '지키다' : '순종하다'는 뜻보다 '보전하다', '조장하다'는 뜻이다(잠 4:4, 21, 7:3).

지혜자는 다른 가르침에 나오는 핵심 단어들을 여기에서도 사용하면서 그의 자녀에게 자신의 가르침에 주의할 것을 요청한다. 전반절의 '내 아들'(잠 1:8), '나의 말'(잠 2:1), '지켜라'(잠 2:20, 3:26, 4:4)는 후반절에서 '내 계명'(잠 4:4)을 '간직하라'(잠 2:1 후반부)와 평행을 이루고 있다.

지혜의 스승은 아들에게 자신이 전하는 가르침의 권위를 주장한다. 아버지의 가르침은 '형식 안의 자유, 한계 안의 사랑, 법 안의 생명'을

줄 것이다. 따라서 아들은 지혜자의 가르침을 지키며 또한 간직해야 한다.

2절 | 내 계명을 지켜 살며 내 법을 네 눈동자처럼 지키라

젊은이들에게 그들의 삶을 바르게 인도하는 지혜의 훈계를 무시하지 말고, 항상 주의 깊게 그것을 경청하고 따를 것을 권면하는 내용이 계속되고 있다. '내 계명'과 '내 법'은 구체적으로 2장 1절에서 지적한 바와 같이 하나님의 말씀과 계명을 의미하며, '눈동자'란 말은 어떤 사물의 가장 핵심이 되는 요소, 곧 가장 소중한 것을 가리킨다.

1절의 '내 말'과 '내 계명'은 2절에서 '내 계명'과 '내 법'으로 이어지며(잠 3:1, 4:2), 지혜자의 권위가 '율법'Tora의 자리에까지 올라가고 있다. 동사에 있어서도 '지키라'가 반복되며, 반복을 통해 강화되고 있다.

지혜자는 '살라'고 명령하며, 그의 아들에게 더 높고 충만한 삶을 살 것을 요청한다. 즉 그는 늘 '생명'과 '죽음'을 대비하며 자신의 가르침의 심각성을 강조한다. 바로 앞에 나온 아홉 번째 가르침도 '상처와 수치', '죽음'으로 마쳤으며(잠 6:32-35), 마지막 가르침도 아들의 목숨이 위태로운 상황으로 끝난다(잠 7:26-27).

3절 이것을 네 손가락[1]에 매며 이것을 네 마음판에 새기라

1. '손가락'(אֶצְבַּע: 에츠바) : 우상을 만드는 행위와 관련하여 사용되었는데, 그로 인하여 손가락은 죄를 짓는 도구로 사용된다. 그리하여 손가락에 하나님의 율법을 붙들어 맴으로써 우상 숭배를 비롯한 갖가지 죄에 대해 경각심을 갖게 하는 것이다.

당시 이스라엘 사람들이 양피지로 된 가죽 조각에 율법을 기록하여 그것을 손이나 머리 등에 매고 다니던 풍습을 반영한 말로(출 13:9, 16; 신 6:4-9, 11:13-21), 하나님의 말씀과 계명을 항상 기억하며 그것을 모든 일의 판단 기준과 행동의 지표로 삼을 것을 교훈하고 있다.

본 절에서는 지혜자의 가르침을 생활화하기 위해 새로운 은유가 제시된다. 지혜자의 가르침은 무형적인 언어이므로 '손가락'에 맬 수 없지만, 마치 '글로 써서 손에 묶고 다니는 것처럼' 가까이하라고 한다. 앞에서 지혜자는 '인자와 진리를 네 목에 매라'고 했는데(잠 3:3), 여기에서는 자신의 가르침을 너의 손가락에 매라고 한다. '목에 매는 것'은 장식하는 것이지만(잠 3:3), '손에 매는 것'은 마치 반지를 끼는 것과 같다(신 6:8, 11:18; 아 8:6 전반부). 이것은 늘 손에 지니고 다니면서 암기하는 것을 의미한다.

그러나 지혜자의 가르침은 기계적인 암기만 해서 배우는 것이 아니며, 후반부에서는 마음판에 새김으로 배워 가야 할 것을 말한다. 이리하여 외적인 표시(3절 전반부)에서 내면적인 인각(3절 후반부)으로 심화된다. '마음판'이란 말은 예레미야의 새 언약을 바라보게 한다(렘 31:31).

3절에서는 모든 말씀과 계명과 법을 손가락에 매라고 하며 마음판에 새겨야 한다고 말한다. 이 두 표현을 통해 지혜자가 전하는 바는 지혜자의 권면의 말씀을 육신과 마음에 새겨야 한다는 것이다.

4절 | **지혜에게 너는 내 누이라 하며**
명철에게 너는 내 친족이라 하라

'지혜에게 너는 내 누이라 하며'라는 말은 예수께서 하나님의 뜻을 행하는 자들을 그의 형제와 자매와 모친이라고 하셨던 것(마 12:50)과 같은 의미로, 지혜를 혈족 대하듯 가까이하고 친밀한 관계를 유지하라는 말이다. 또 '친족'은 원수를 갚아주거나 생계를 보호하는 등 모든 삶에 대해 상호 책임을 지는 관계를 가리킨다. 따라서 본 절은 앞 절과 마찬가지로 젊은이들에게 지혜를 소중히 여겨 그것을 얻기에 힘쓰라는 비유적 권면이다.

가르침을 '손가락'에 매는 은유는 결혼 은유로 전환되고 있다. 아들은 '지혜'를 자신의 '누이'(애인)와 '친족'(친구)으로 삼아야 한다. 결혼 은유는 지혜가 이 세상에서 가장 소중하며 가장 진실하게 사랑해야 할 존재임을 말해 준다. 그래서 '지혜'가 의인화되고 있다.

'누이'는 '아내' 혹은 '신부'를 가리킨다(아 4:9, 10, 12, 5:1). '친족'은 룻기에서는 친척(룻 2:1)이며, 친밀한 친구로서 오직 여기에만 나타난다. '너는 내 누이라', '너는 내 친족이라'는 선언 형식이며, 이 선언을 통해 두 사람의 관계는 법적으로 확립된다. '형제, 자매'는 이집트의 연애 시와 메소포타미아의 결혼 노래에도 자주 등장한다.

여인으로 나타나는 지혜는 다음 절에 등장하는 '음녀'의 경쟁 상대이다. 제자가 지혜를 사랑하는 것은 아내를 사랑하는 것과 같이 안정과 명예와 기쁨을 가져다준다. 아들이 지혜와 갖는 관계는 마치 아내와 자매와 친구를 아는 것처럼 인격적이다. 지혜 공동체는 정신적인 연대성으로 이루어지며, 그것은 마치 친척관계와 같다.

5절 **그리하면 이것이 너를 지켜서 음녀에게,**
말로 호리는[1] 이방 여인에게 빠지지 않게 하리라

1. '호리는'(הֶחֱלִיקָה: 헤헬리카) : '할당하다', '매끄럽다', '부드럽다'라는 의미로 사람의 혀와 관련 되어 아첨을 뜻하며, 아첨은 음녀의 두드러진 특징이다. 음녀의 말은 달콤하고 매혹적이지만 결국 멸망으로 인도하기 때문에 그것으로부터 벗어나야 한다.

전반적으로 6장 24절의 반복으로 지혜를 얻은 자의 실제적 유익, 즉 하나님의 말씀과 계명을 따르는 자는 결코 정욕과 음행에 빠지지 않고 자신의 삶을 정결히 지킬 수 있다는 사실을 교훈한다.

본 절에서는 지혜를 '누이'와 '애인'처럼 사랑해야 할 이유가 제시된다. 지혜는 음녀에게서 제자를 지켜 줄 것이다. 전반절의 '너를 지킬 것이다'는 7장 1절의 '내 말을 지키다'와 수미일치를 이루며, 이 단락의 결론을 열어주고 있다. 문법적으로 볼 때 부정사 문장은 목적을 제시하며, 권면에서 가르침으로 넘어갈 준비를 해준다(잠 2:12, 5:2).

후반절의 '말로 호리는 여자'는 문자적으로 '말을 부드럽게 하는 자' 혹은 '매끄럽게 하는 자'라는 뜻이다. '부드러움'은 유혹(잠 2:16, 5:3, 7:5, 21)이나 아첨(잠 28:23; 시 12:3-4)을 뜻한다. 사랑하는 여인은 꿀과 젖을 떨어뜨리듯이 온갖 유혹과 부드러움으로 사람을 꼬드긴다(아 4:11). 그러나 음녀의 말은 진실하지 못하기 때문에 그의 부드러움 역시 거짓된 포장이다. 이 여인에 대한 묘사는 앞에서도 제시되었다(잠 2:16, 5:3, 20, 6:24).

한 번 더 생각하기

본문 1절과 2절에서 지혜자는 아들에게 지혜자가 전하는 말을 지키며, 지혜자가 전한 계명을 간직하고, 지혜자의 법을 눈동자처럼 지키라고 한다. 이렇게 말하는 이유는 지혜자가 전하는 말과 계명, 법이 아들을 지켜야 할 것이기 때문이다. 이것들이 아들을 사망에서 건져내는 역할을 감당하기 때문에 그 권위를 인정하며 받아들이고, 순복하라고 말한다. 아들은 권위를 인정하고 권위에 순복해야 한다. 그 권위가 아들을 생명으로 인도하기 때문이다.

생명이란 단지 호흡의 연장이 아니며, 죽음은 심장의 박동이 그치는 것이 아니다. 산 죽음이 있듯이 더 충만한 생명이 있으며, 활기 찬 삶은 지혜자의 가르침을 지킴으로 이루어진다. 지혜자의 가르침은 인간의 몸에 있어서 눈동자와 같다(4:25). 눈동자는 인체에서 가장 귀하고 소중하며, 모든 위험에서 우리를 보호하고 가장 아름다운 곳으로 인도한다(신 32:10; 시 17:8). 이같이 아들은 지혜자의 가르침을 가장 소중하게 알고 지켜야 한다.

내가 주께 범죄하지 아니하려 하여 주의 말씀을 내 마음에 두었나이다(시 119:11)

지혜자의 말씀을 가까이 한다는 것은 우리의 육신이 무조건 반사를 하듯 그 말씀을 따라 살아내도록 완전한 습관으로 삼아야 한다는 것이다. 지혜자의 말씀은 생각하지 않아도 몸에 밴 습관처럼 살아내져야 한다.

마음판에 새겨두라는 것은 그 말씀이 생각에서 떠나지 않아야 함을 의미한다. 말씀이 지시하는 상황이 발생하게 되면 마음판에 새겨졌던 말씀은 자연스럽게 머릿속에 떠오르게 된다. 새겨지지 않은 말씀은 다른 생각들이 외부로부터 주입되면 밖으로 밀려난다. 삶의 급박한 순간에 가장 큰 위력을 발휘하는 것은 마음판에 새겨진 말씀이다. 마음에 새겨진 말씀은 급박한 순간에 떠올라 죄악의 위험으로부터 보호해 준다.

지혜를 사랑하는 자는 생명의 근원을 얻을 뿐 아니라 그 생명을 풍성하게 누린다. 지혜가 음녀와 호리는 여자로부터 아들의 생명을 지켜주기 때문이다. 지혜로운 사람은 분별력이 있다. 듣는 말이 진실인지 아닌지 분별하는 것은 지혜를 가진 사람이 누리는 특별한 은혜이다. 지혜를 가진 사람이 분별력을 가지고 다른 사람들의 말에 주의를 기울이면, 자신의 생명을 빼앗으려는 음녀의 말에 쉽게 현혹되지 않는다.

잠 7:6-27

◇

음녀를 조심하라

내가 내 집 들창으로, 살창으로 내다 보다가 어리석은 자 중에, 젊은이 가운데에 한 지혜 없는 자를 보았노라 그가 거리를 지나 음녀의 골목 모퉁이로 가까이 하여 그의 집쪽으로 가는데 저물 때, 황혼 때, 깊은 밤 흑암 중에라 그 때에 기생의 옷을 입은 간교한 여인이 그를 맞으니 이 여인은 떠들며 완악하며 그의 발이 집에 머물지 아니하여 어떤 때에는 거리, 어떤 때에는 광장 또 모퉁이마다 서서 사람을 기다리는 자라 그 여인이 그를 붙잡고 그에게 입맞추며 부끄러움을 모르는 얼굴로 그에게 말하되 내가 화목제를 드려 서원한 것을 오늘 갚았노라 이러므로 내가 너를 맞으려고 나와 네 얼굴을 찾다가 너를 만났도다 내 침상에는 요와 애굽의 무늬 있는 이불을 폈고 몰약과 침향과 계피를 뿌렸노라 오라 우리가 아침까지 흡족하게 서로 사랑하며 사랑함으로 희락하자 남편은 집을 떠나 먼 길을 갔는데 은 주머니를 가졌은즉 보름 날에나 집에 돌아오리라 하여 여러 가지 고운 말로 유혹하며 입술의 호리는 말로 꾀므로 젊은이가 곧 그를 따랐으니 소가 도수장으로 가는 것 같고 미련한 자가 벌을 받으려고 쇠사슬에 매이러 가는 것과 같도다 필경은 화살이 그 간을 뚫게 되리라 새가 빨리 그물로 들어가되 그의 생명을 잃어버릴 줄을 알지 못함과 같으니라 이제 아들들아 내 말을 듣고 내 입의 말에 주의하라 네 마음이 음녀의 길로 치우치지 말며 그 길에 미혹되지 말지어다 대저 그가 많은 사람을 상하여 엎드러지게 하였나니 그에게 죽은 자가 허다하니라 그의 집은 스올의 길이라 사망의 방으로 내려가느니라

6절 **내가 내 집 들창[1]으로, 살창[2]으로 내다보다가**

1. '들창' : 개역성경에서의 '들창'은 오래된 우리말로서, 벽의 위쪽으로 자그맣게 난 창이다. 원래는 들어서 여는 외짝으로 된 창이었으나 지금은 미닫이 모양으로 되고, 겉창이 따로 있기도 하다(국어대사전). 히브리어로 '들창'은 원래 공기나 채광을 위해 벽에 구멍을 뚫은 것이며, 현대어로 '창문'이다. 왕궁에서도 멋을 위해 이와 같은 창문을 만들었다(왕하 9:30, 32; 렘 22:14). 엘리사가 '창문을 열라'고 명령한 것을 보면(왕하 13:17), 아마 격자로 된 창문이 있었던 것으로 보인다. '살창' 역시 벽에 있는 구멍, 혹은 (창살로 막은) 창문이다(삿 5:28).
2. '살창' : 살창 역시 오래된 우리말로, 좁은 나무나 쇠오리로 살을 대어 만든 창이며 전창(箭窓)이라고도 한다(국어대사전).

원문은 '왜냐하면'으로 시작하여 성적인 유혹의 위험성에 대한 아버지의 교훈이 왜 필요한지에 대하여 설명한다. 지혜자는 6절부터 23절까지에서, 음녀의 유혹이 주는 위험의 중대함을 보여주기 위해 더는 이론을 전개하지 않고, 자신이 직접 목격한 음행의 실상을 실례로 든다. '살창'이란 근동 지역의 가옥 구조에 존재하는 것으로 뜨거운 햇빛은 가리고 공기만 들어올 수 있도록 만든 일종의 덧문이다(삿 5:28). 이 문은 밖에서는 안을 볼 수 없지만 안에서는 쉽게 밖을 볼 수 있다.

지혜자는 자신의 집 안에 있으며, 앞으로 등장할 창녀의 집과 거리가 있다. 고대 이스라엘 집은 대부분 1층 혹은 2층으로 이루어졌으며, 1층에서는 경제적인 활동이 이뤄지고, 2층은 생활공간으로 사용되었다. 지혜자는 2층에 있는 자신의 창문을 통해 관찰한 바를 말하고 있다.

지혜의 스승은 이 창문을 통해 세상을 바라본다. '창가에'라는 말을 고려해 볼 때, 지혜자는 창문 가까이 '서 있었을 것이며'(원문에는 없다), 그곳에서 아래를 내려다보고 있다. '내다보다'는 '관찰자의 입장에서 높은 곳에서 아래로 내려 본다'는 뜻이며, 우연히 바라보지 않고 주의 깊게 관찰할 때 사용되는 말이다(창 26:8). 이 장면은 비록 허구적이지만 이스라엘의 지혜자들은 그들을 둘러싼 세계를 관찰하고 영감을 얻어 설득력 있게 반영하였다.

7절 | 어리석은 자 중에, 젊은이 가운데에
한 지혜 없는 자를 보았노라

'어리석은 자'는 외부의 유혹에 무방비 상태로 노출된 자를 말하고, '젊은이'는 경험과 총명이 부족한 젊은이를 말한다.

본 절의 원문은 '나는 보았다'로 시작하는데, 아버지의 관찰은 직접적이며 뚜렷하다(잠 6:6). '어리석은 자'와 '소년'이 평행을 이루며 나타나고 있다(잠 1:4). '어리석은 자'는 철부지이며, 아버지의 교훈을 듣지 않고 악인의 꾀에 쉽게 빠지는 자이다(잠 1:20, 6:32).

'소년' 역시 '철부지'와 같으며, 여기에서 '지혜 없는 자'이다. 그는 '지각이 없는 자'이며, 성년이 되면서 부모의 가르침을 확실하게 떠나는 자다. 그는 무지할 뿐 아니라 지혜를 소유할 능력이 없고, 아버지의 가르침을 따를 의지도 없다.

8절 **그가 거리를 지나 음녀의 골목 모퉁이로 가까이 하여**[1]
그의 집쪽으로 가는데

1. '가까이 하여'(אָצֵל : 에첼) : '거리적인 가까움'이라는 의미 외에도 비유적으로 친근함을 나타내는 데 자주 사용되었다. 지혜가 항상 하나님 곁에서 있었던 것과는 대조적으로 음녀는 항상 어리석은 자를 기다렸다.

길거리를 서성이는 것은 우연이 아니라 의도적인 행동이다. '거리'는 시적인 언어로서 희소하게 나타나지만(전 12:5; 아 3:2), 큰길을 뜻한다. 그는 이 거리를 지나가면서 음녀가 살고 있는 집의 모퉁이로 찾아간다. 음녀의 집이 이 단락에서 처음 나타나며 아버지가 살고 있는 집과 대조를 이룬다.

어리석은 철부지는 아버지의 집을 떠나 음녀의 집 모퉁이를 향하여 성큼성큼 걸어가고 있다. 이 말의 뜻은 단지 '가까이하다', '가까이 가다', '서성대다'는 뜻을 넘어, '행진 하듯이 힘차게' 걸어가는 모습이다. 그는 어느 날 길에서 우연히 음녀를 만난 것이 아니라 이미 그를 잘 알고 있으며, 그의 집까지 찾아간 것이다.

9절 **저물 때, 황혼 때, 깊은 밤 흑암 중에라**[1]

1. '흑암 중에라'(אֲפֵלָה : 아펠라) : 문자적으로 '어두움', 비유적으로는 '재앙'을 뜻한다. '어두운 밤 한가운데'로 묘사된 시간의 의미는 범죄가 행해지기에 가장 적합한 때이다.

전반적으로 죄악을 행하는 자들의 속성, 즉 자신들의 행위를 감추기 위해 은밀하고 어두운 곳에서 죄악을 범하는 자들의 모습이다. 그러한 노력에도 불구하고 그들이 은밀하게 행하는 범죄의 모습이 지혜자에게 목격되었듯이 하나님의 눈에 드러나지 않은 죄악은 결코 없다.

한편 '저물 때, 황혼 때, 깊은 밤'이란 점층적인 표현은 어리석은 자가 음녀에게 가기 위해 해 질 무렵부터 밤을 기다리며 서성이고 있었음을 말한다. 말씀 속 철부지는 잘못된 방향을 향해 나아갈 뿐 아니라, 잘못된 시간에 가고 있다. 본 절에는 시간을 가리키는 부사가 네 가지로 나오는데, '황혼 때'는 아침의 여명(삼상 30:17; 시 119:147; 욥 3:9, 7:4)을 가리키기도 하지만, 저녁 황혼을 가리키기도 한다(욥 24:15).

'해가 질 때'는 땅거미가 지기 시작하는 시간이다. '밤의 때'에서 '때'는 히브리어 2절에 '눈동자'와 같은 단어이며, '황혼'과는 어울리지 않기 때문에 이와 유사한 구가 나타나는 잠언 20장 20절, '어둠의 눈동자', 즉 '깊은 어둠'과 같이 읽을 수 있다. 마지막 단어인 '흑암'은 '깊은 어둠'을 말하며, 사람들이 잘 보이지 않는 시간이다(출 10:22; 신 28:29; 사 8:22, 58:10; 욜 2:2; 욥 24:15; 잠 4:19 등).

10절 | **그 때에 기생의 옷을 입은 간교한 여인[1]이 그를 맞으니**

1. '간교한 여인' : '마음을 지키다'의 의역이다. 이 숙어는 잠언에서 주로 '지혜를 마음에 지킨다'는 긍정적인 뜻으로 사용되므로(잠 2:8, 11, 4:23) 현재의 맥락에서 어울리지 않는다. 이에 '간교하게 감추다'는 뜻으로 이해하며, 혹은 '싸서 가린 가슴'으로 의역한다.

마치 기다리고 있었다는 듯이 음행에 눈이 먼 자를 반갑게 맞이하고 있는 음녀의 행동을 나타내고 있다. 이는 영적으로 무장되지 않은 사람들을 삼키려고 우는 사자와 같이 달려드는 사탄의 모습을 상징한다(벧전 5:8).

원문은 '보라'로 시작한다. 내러티브에서 이 단어는 새로운 장면을 열어 줄 때 나타난다. 지혜자는 한 여자의 등장에 우리의 시선을 집중시킨다. 이 여자는 가장 먼저 옷으로 유혹한다. 그녀는 창녀의 옷을 입고 있다. '옷'이라는 단어는 매우 희소한 단어이며(다른 곳에서는 시편 73편 6절에만 나타난다), 이는 '너울'을 가리키는 것으로 본다.

다말도 유다를 유혹하기 위해 너울을 써서 얼굴을 가렸다(창 38:14). '너울을 쓰는 것'은 남자를 유혹할 뿐 아니라 자신의 정체를 감추기 위함이다. 이 여인은 뒤에서 보겠지만 부유한 상인의 아내이다. 그러나 여기에서 창녀의 모습으로 나타난 것은 자신의 정체를 숨긴 이 여인에 대한 조롱일 수도 있다. 즉 그녀는 부자이며 상당히 존경받는 사회적 지위를 가졌지만 결국 창녀라는 조롱일 수 있는 것이다.

'지키다'는 '감추다'라는 의미를 포함하므로, '가려진 마음'은 '교활하게 변장한 모습'이다. 이 여인은 남편에게 정숙한 체하지만 거짓으로 꾸미며, 어리석은 젊은이에게 그녀의 진짜 모습을 숨기고 있다.

11절 | 이 여인은 떠들며 완악하며 그의 발이 집에 머물지 아니하여

지혜자는 예리한 관찰을 통해 그녀의 성격을 드러내는 두 가지 특징을 제시한다. 첫째로, 그녀는 '시끄럽다.' 이 단어는 시끄러운 소리와 소용돌이치는 동작을 둘 다 포함한다(왕상 1:41; 사 22:2; 시 42:5, 11). 이 여인은 거리의 여인답게 분주하게 떠들고 다닌다(잠 9:13).

둘째로, 그녀는 '완악하다.' 이 용어는 일반적으로 '반역적이다, 완고하다'는 뜻이다. 원래 이 단어는 '완강한 암소'의 모습이며(호 4:16), 정당한 사회적 질서를 거부하면서 권위에 복종하지 않는다는 뜻이 있다(신 21:18; 사 30:1, 6:2; 호 4:16).

'그 발이 집에 머물지 아니한다'는 표현은 독특한 모습을 나타내고 있다. 이것은 그녀는 마음에 쉼이 없다, 혹은 조용하고 편히 사는 법을 모른다는 뜻이라기보다 '저녁이 다가오는데도 불구하고 집에 있지 않다'는 뜻이다. '발'의 단어(잠 5:5)는 성적인 암시를 포함할 수 있다. 즉 그녀는 집은 있어도 가정은 없다. 그는 가정과 공동체 속에 뿌리를 두지 않고, 들뜬 열기로만 산다. 그녀의 방랑벽은 의지할 데 없고, 현숙한 가정의 한 아내의 모습과는 거리가 먼 것이다.

12절 | 어떤 때에는 거리, 어떤 때에는 광장 또 모퉁이마다 서서 사람을 기다리는 자라

여인으로서 지녀야 할 정숙함은 전혀 보이지 않고 음행을 위해서라면 어떤 장소도, 어떤 시간도 가리지 않은 채 부끄러움을 모르고 어리석은 젊은이를 유혹하는 간부의 방탕한 생활 습성을 보여주고 있다. 특히 '완악하다'는 말은 집안을 지키고 가꾸는 정숙한 여인과는 달리

멍에를 메지 않은 짐승처럼 제멋대로 행동하는 음녀의 행동으로, 본문에 나타난 음녀의 생활 습성 및 성격을 잘 보여준다.

'기다리다'는 '숨어 기다리다'라는 뜻으로, 음녀가 육체의 욕망을 만족시킬 대상을 찾는 것이 마치 사냥꾼이 짐승을 잡기 위해 숨어 기다리는 것과 같다는 것이며, 음녀의 유혹에 걸린 자가 겪을 비극적 결과를 짐작하게 해준다. 본 절은 하나님에 대한 두려움을 완전히 상실한 인간의 타락한 상태, 즉 인간의 전적이고 완전한 부패의 심각성을 보여준다.

앞 절에 제시된 여인의 내면적인 성격이 여기에서 전형적인 행동으로 나타난다. 그녀는 공적인 자리에서 자신의 진짜 모습을 드러낸다. '어떤 때'는 '발'을 뜻하기도 하므로 '한 발은 거리에, 한 발은 광장에'로 읽을 수도 있고, '이 거리, 저 거리'로 의역되기도 한다. 달리 말하자면, 그녀의 발은 온 동네를 다 쏘다니고 있다. 대부분의 번역은 시간을 표현하는 것으로 번역하여 '이제', '때로는', '어떤 때'로 말하기도 한다.

'거리'와 '광장'은 앞에서도 평행을 이루며 나타난 바 있다(잠 1:20). 술람미 여인도 그녀의 애인을 '거리'와 '광장'에서 찾았다(아 3:2).

'모퉁이'는 길들이 만나는 곳으로, 이 여자는 의도적으로 목이 좋은 자리에서 사람을 기다린다. 그러나 '몸을 숨기고 있다'는 모습은 짐승이 먹이를 기다릴 때 매복하는 자세처럼 그녀의 불순하고도 음흉한 동기를 볼 수 있게 한다. 여인은 사자나 군대나 강도처럼 먹이를 오랜 시간 동안 기다린 것이다. 그녀의 행동은 첫 경험이 아니라 습관적이며, 성적인 만족을 끊임없이 갈구하는 것을 보여준다.

13절 | 그 여인이 그를 붙잡고 그에게 입맞추며
부끄러움을 모르는 얼굴로 그에게 말하되

13절의 원문은 '그리고'로 시작한다. 접속사 '그리고'는 바로 앞 절과 연결하는 것이 아닌, 10절에서 '한 여자가 그에게 다가가는데'와 연결되어 '드디어 그를 붙잡았다'로 동작이 넘어가는 것을 보여준다. 그녀는 드디어 먹이를 찾았고, 어리석은 젊은이를 대담하게 붙들고서 포옹하며 입을 맞춘다(잠 24:26).

그녀는 '부끄러움을 모르는 얼굴'을 가졌는데, 문자대로 본다면 그는 그 얼굴을 굳혔다는 뜻이다(잠 21:29). '강한' 혹은 '단단한' 얼굴이란 부끄러움을 모르는 것을 말하며, 자비를 베풀 줄 모르는 모습(신 28:50)과 교만하고 거만한 모습으로 해석되기도 한다(전 8:1). 여기에서는 수치심이 없는 모습을 보여준다. 이 여인의 부끄러움을 모르는 얼굴은 음욕에 눈이 멀어 남들이 자신을 비난해도 아랑곳하지 않을 뿐 아니라 이미 그의 양심이 완악해져서 도무지 도덕적인 부끄러움을 모르는 상태를 가리키는 말이다.

따라서 부끄러움을 모르는 얼굴을 '뻔뻔스러운 얼굴'로 번역할 수 있고(잠 21:29), 본문은 여인이 거짓말하고 있음을 드러내 보여준다. 여인은 사회적인 도덕을 무시하며 공적인 멸시에 대해 상관하지 않는다(렘 3:3). 고대의 보수적인 사회에서는 남녀가 공적인 자리에서 쉽게 입맞추지 못하였다(아 8:1).

14절 **내가 화목제[1]를 드려 서원한 것을 오늘 갚았노라**

1. '화목제'(זִבְחֵי שְׁלָמִים : 지브헤 쉘라밈) : 직역하면 '화목제들의 희생 제물들'이다. 화목제의 특징은 하나님과 화목을 이루었고, 제물의 나머지를 제사장과 예배자들이 나누어 갖는다는 점에서 친교의 제사이다. 불의한 성관계는 제의적으로 부정하지만 여인은 오히려 제사 의식의 숭고한 의미를 악용하여 죄를 범하는 데 사용하는 간교한 면을 보여준다.

전반절은 '나는 오늘 화목제를 드려야 했는데'로 시작한다. '화목제'는 가나안 사람들과 이스라엘 사람들(레 7:11-17, 22:21)이 드린 제사의 형식이며, 제물 일부는 신에게 바치고 나머지는 제사를 드리는 사람들이 함께 먹는 제사였다(삼상 9:11-13). 그러나 제물은 그날 다 먹어야 하며, 서원을 갚는 경우에는 그다음 날까지 먹어야 한다(레 7:16-17). 여기에서 '화목제물'은 '온전함, 건전함'을 뜻하며 소리도 좋기 때문에 듣는 자에게 기쁨을 주고, 화목제물을 바쳤으므로 집에 먹을 것이 많음을 시사해 준다.

이로 볼 때 본 절에서 음녀가 '화목제를 드렸다'는 말은 화목제를 드렸기 때문에 오늘 저녁 집에 먹을 고기가 충분하다는 사실을 밝힌다. 즉 음녀는 화목제물을 나누어 먹는 종교적 의의는 생각지 않고, 다만 그것을 죄짓기 위한 방편으로 삼고 있다. 이처럼 악한 자들은 종교까지도 자신들의 악한 목적을 위해 이용하는 패역함을 보이는 것이다.

후반절의 '내 서원을 오늘 갚았다'는 완료형이다. 이것은 결심의 완료형으로, '내가 내 서원을 갚으려고 한다'로 볼 수 있다. 이 여인은 그날 아침 일찍 서원을 드렸고, 자신의 서원이 이루어졌기 때문에 화목제물을 드렸다(레 7:16). 서원을 드릴 때 구체적인 소원이 제시되지만(삼하 15:7), 이 여인은 서원기도의 내용이 무엇인지 말하지 않는다.

젊은이의 관점에서 볼 때, 이 여인은 서원을 갚았기 때문에 마음이 홀가분하거나(레 7:16-17), 혹은 오늘 밤 그를 만나서 드디어 서원을 갚았기 때문에 신선한 제물이 준비됐다고 생각할 수 있으나 그 자신이 제물이 될 것은 전혀 눈치 채지 못한다(22-23절).

15절 | **이러므로 내가 너를 맞으려고 나와**
네 얼굴을 찾다가 너를 만났도다[1]

1. '너를 만났도다'(וָאֶמְצָאֶךָּ : 와에므차에카) : 와우(ו)계속법[6)]으로 사건이 여인의 계획대로 연속적으로 진행되고 있음을 보여준다. 여인은 신속하게 자신이 원하는 바를 이루고 있다. 악인은 잠도 자지 않고 침상에서조차 악을 행할 궁리를 한다.

앞 절은 여인이 거리에서 이 젊은이를 만날 수밖에 없었던 이유를 제시하며, 이 절에서 그녀가 얼마나 간절하게 이 남자를 찾았었는지 제시한다. 본 절을 의역하면 '내가 만찬을 준비해 두고 너를 맞으려고 나왔으니 이 세상에 너보다 더 그 상에 어울리는 자가 없도다. 너야말로 내가 일부러 찾아다니던 바로 그 사람이다'라는 뜻이다. 오직 그 젊

6) 히브리 문법 중 하나로 과거시제 동사 앞은 미래로 해석되고, 미래시제 동사 앞에서는 과거로 해석되어 모든 시제가 현재임을 나타낸다. _편집자 주

은이만 사모하였으며, 그가 얼마나 매력적인 존재인지 달콤한 말로 유혹하고 있는 것이다. '너를 맞으려고 나왔다', 즉 그녀가 나온 유일한 이유는 '너와의 만남'을 갖고자 했었다는 것이다.

후반절에서 '네 얼굴을 찾았다'는 '당신을 애타게 찾았다'는 뜻으로서 '부지런히, 열심히, 간절히 찾았음'을 말한다(잠 1:28, 8:17). '애타게 찾다'는 술람미 여인이 애인을 찾는 모습을 연상시킨다(아 3:1-4). 음녀는 상습적으로 성적인 먹이를 찾고 있었지만 이번이 처음이며 가장 특별한 만남인 것처럼 말한다. 음녀는 자신을 상대할 남자를 유혹하기 위해 온갖 칭찬과 아부를 계속한다. 이러한 음녀의 모습은 온갖 간사한 말로 하와를 유혹했던 사탄과 같다(창 3:1-5).

16절 | 내 침상에는 요와 애굽의 무늬 있는 이불을 폈고

음녀는 젊은이에게 밀회의 장소가 얼마나 아늑하고 멋진 곳인지 말한다. 그녀는 '제사'라는 종교적 미명으로 시작했지만(14절), 바로 그 대상과의 관계에서 아주 홀가분하게 만날 수 있다며 성적인 주제로 넘어간다. 그녀의 침대에 대한 묘사는 젊은이에게 성적인 환상을 불러일으켜 준다. 그 집에는 온갖 불륜을 저지르기 좋은 사치스러운 물건들이 구비되어 있다.

'내 침상'은 잠깐 눈을 붙이기 위하여 기대어 쉬는 소파로도 볼 수도 있으나(신 3:11; 시 132:3), 일반적인 침대와 평행을 이루어(시 6:6; 암 3:12, 6:4) 식사할 때 길게 누워 쉬는 침대로 볼 수 있다. 즉 그녀는 부유한 사람이 누워 쉬면서 식사하는 모습을 부각시키면서 젊은이에게 쾌락의 환상을 불러일으키는 방식으로 어리석은 자를 끌어들인다.

'요'는 푹신푹신한 방석 또는 베개이며(잠 31:22), 이것은 대부분 부유한 집 안주인이 만들어 침대 위에 둔다(신 3:11). 이 요는 '화문'으로 만들어졌는데 '화문'이란 단어는 구약성서에서 단 한 번 나오며, 온갖 색깔이 있는 채색 이불로서 이집트에서 수입해 온 명품이었다(사 19:9-10; 겔 27:7). 여기에서 색깔은 천의 높은 질뿐 아니라 때로는 신분의 상징으로 이해되었다. 애굽의 무늬 있는 이불은 애굽산 실로 짠 비단으로 만든 이불인데, 이집트 산 아마이다. 이집트인들은 붉은색 아마 이불을 사치스러운 품목으로 수출했는데(잠 31:22), 이 이불은 매우 아름답고 값비싼 것이었다.

본 절은 소년을 유혹하기 위해 부와 사치를 자랑하는 음녀의 모습을 그려준다. 음행이 종국에는 사람의 영과 육체를 완전히 멸망시키는 비참한 결과를 가져온다는 사실을 깨닫지 못한 어리석은 젊은이는 이러한 음녀의 유혹에 쉽게 빠질 수밖에 없다.

17절 **몰약[1]과 침향[2]과 계피[3]를 뿌렸노라**

1. '몰약' : 발삼 나무의 건조 수액으로 만들었는데 매우 강한 향을 지니고 있으며 관유를 만드는 데(출 30:3)와 여인의 몸단장(에 2:12), 장례 시 시신의 몸에 바를 때(요 19:39) 등에 사용했다.
2. '침향' : 독수리 나무 혹은 백향단 침향목에서 추출한 향료이다(민 24:6).
3. '계피'(קִנָּמוֹן : 킨나몬) : 육계피의 내부 껍질에서 추출한 향료로서 강한 향

> 으로 탈취제로 사용되기도 했고, 강한 자극으로 사람을 끄는 힘이 있었다. 육계피 내부 껍질은 약재와 향료로 사용되었다. 여인은 값비싼 향료들을 침상에 뿌림으로 쾌락을 위한 자신의 들끓는 열정을 보여준다.

앞 절에 이어 음행을 위해 만반의 준비를 다해 놓고 젊은이를 유혹하는 음녀의 모습을 반복적으로 부각시키고 있다.

'몰약과 침향과 계피'는 구약성서에서 대부분 같이 나타나며, 아가서에서는 성적인 감각을 불러일으키는 데 사용된다(아 1:13, 3:6, 4:6, 14, 5:5, 13). 그녀가 이 세 가지 물건을 모두 가졌다는 것은 상당히 부자라는 사실을 보여준다. 뿐만 아니라 그는 이 비싼 고급 향료들을 '내 침대에 뿌렸다'고 한다. 그는 사랑의 쾌락을 위하여 아낌없이 허비하며, 엄청난 사치와 낭비를 하고 있다.

그러나 16절과 17절에 나오는 침대와 향품들은 모두 죽음을 상징할 수도 있다. '아마와 몰약과 침향'은 장례식에도 사용된다(마 27:59; 막 15:46; 눅 23:53; 요 11:44, 20:7). 따라서 그녀의 침대는 시신을 두는 죽음과 관에 대한 암시일 수 있는 것이다(사 57:2; 겔 32:25; 대하 16:14).

여기에 등장하는 어리석은 젊은이는 유혹하는 여인의 제안에 양면성이 있는 것을 모른다. 어리석은 자는 그녀의 침대에 매혹되었지만, 치명적 자기 파멸을 발견하였을 때에는 너무나 늦었음을 깨달을 것이다.

18절 | 오라 우리가 아침까지 흡족하게 서로 사랑하며 사랑함으로 희락하자

18절은 '오라'는 부름으로 시작한다(잠 6:3). 그는 시간을 지체할 수 없었고, 즉각적인 결단을 요청한다. '흡족하게 사랑하자'는 말을 직역하면 '사랑을 깊이 들이키자'란 뜻으로, 그는 우리 함께 사랑을 가득 마시자라고 제안하고 있다(아 5:1 후반부). '마시자'란 동사는 셈 언어에서 기본적으로 '물을 가득 마시다'는 뜻이 있다. 이는 히브리 문학이 성행위를 종종 샘물과 연결시켜 사용하는 것과 관련 있는 표현이다(잠 5:15-17; 아 4:12-15). '물'은 성적인 암시이며(아 5:1), 음녀는 성적인 욕망을 충분히 채우자는 제안을 한다(잠 30:20). 따라서 음녀는 육체적인 쾌락에 완전히 도취된 상태인데, 이와 같이 음욕은 사람을 완전히 정욕의 노예로 만들어 그를 죄악에서 빠져나오지 못하게 만든다. 그는 아침까지, 밤새도록 즐기자고 한다. '서로 사랑하자'는 말은 그들의 놀이가 상호적임을 말해 준다.

본 절에는 '사랑'을 가리키는 용어가 두 개가 있다. 이 두 단어는 정상적이며 아름다운 사랑에도 사용되지만 여기에서는 성적인 뜻으로 사용된다. 특히 첫 번째로 나오는 '사랑'은 욕정적인 사랑을 말하며(겔 16:8, 23:17), 두 번째 역시 '정서적인 연대감 없는 성교'를 뜻한다(삼하 13:1; 호 8:9). 이 여자는 자신의 욕망을 감추지 않고 노골적으로 적나라하게 드러내며 젊은이를 유혹하고 있는 것이다.

19절 | 남편은 집을 떠나 먼 길을 갔는데

음녀는 젊은이에게 남편이 집을 떠나 먼 길을 갔다고 말하며 최종적으로 젊은이가 가진 그의 남편에 대한 불안함과 두려움을 제거한다. 즉 상대로 하여금 안심하게 함은 물론 음행에 대한 적극적인 동조를 유도한다.

이 여인의 남편에 대한 묘사를 보면 이 부부는 이방인으로 이스라엘 땅에 상인으로 사는 것 같은 느낌을 준다. 그의 남편은 16-17절에서 본 바와 같이 이방의 사치품들을 취급하는 장사꾼처럼 보인다.

유혹하는 여인은 자신의 남편을 '나의 남편'(창 29:32, 30:15; 수 2:9; 삼하 24:5; 왕하 4:1)이나, '나의 주'(호 2:16,18)로 부르지 않고 '그 사람'이라는 3인칭으로 부르며, 그와 남편에 대한 거리감을 심화시켜서 멸시하는 것 같은 느낌을 준다. 남편과의 거리감은 '그가 집을 떠났다'라는 말과 '먼 길을 갔다'는 말로 극대화시킨다.

즉 남편에게 들킬 것에 대한 걱정은 조금도 하지 말라는 뜻이다. 외도를 하면서도 남편에 대한 미안한 마음을 제거하기 위해 교묘한 수법으로 남편을 경멸하는 표현이다.

20절 | 은 주머니를[1] 가졌은즉 보름 날[2]에나 집에 돌아오리라 하여

1. '은주머니를 가졌다'는 말은 여행에 필요한 많은 돈을 지참했다는 말로, 남편의 여행이 오랜 기간 걸릴 것임을 암시하는 표현이다. '주머니'는 작은 자루로서 '돈'(창 42:35)이나 몰약(아 1:13)을 담았고, 인봉했다(욥

14:17).

2. '보름(כֶּסֶף : 케세프)'이라는 단어는 '돈(כֶּסֶא : 케세)'이라는 단어와 음성학적 유사성이 있다. '보름'은 '만월'이 뜨는 시간이며(시 81:3), '유월절'이나 혹은 '장막절' 같은 축제일을 말한다. 이 두 절기는 음력으로 14일과 15일이다(레 23:5-6, 34; 민 28:16-17, 29:12; 겔 45:21, 25).

음녀는 남편이 보름에나 돌아올 것이라고 하는데, 소년과 만나고 있는 당시가 그믐이나 월초임을 암시하는 9절의 '깊은 밤 흑암 중'이란 말과 연결시켜 볼 때 남편이 돌아올 날이 아직 멀었음을 나타낸다.

남편이 멀리 갔다는 점을 확증하기 위해 그녀는 남편이 은 주머니, 혹은 돈 주머니를 가져갔다고 한다. 옛날에 '은'은 '돈'이었기 때문에 둘 다 같은 뜻으로 사용된다. 음녀는 남편이 축제 때에나 돌아온다고 생각한 것 같다. 지금 이 여자는 어둠이 짙게 깔린 그믐이나 초순 정도의 밤에 이 젊은이와 만나고 있다. 이 젊은이가 곧 죽임 당할 것이기 때문에 이 여인의 말이 '거짓말'이라고 볼 수 있지만 이 여인의 말은 매우 사실적으로 들린다.

21절 **여러 가지 고운 말로 유혹하며[1] 입술의 호리는 말로 꾀므로[2]**

1. '유혹하다' : 원래 '뻗다'는 뜻으로, '손을 뻗어 장악하다'는 의미이다. 마치 주인이 나귀(민 22:23)나 양(렘 23:2, 50:17)을 끌고 가는 것처럼, 이 여인이 남자를 '속이고'(사 44:20; 욥 36:18), 그의 손아귀에 잡아넣어 끌고 가는 모습이다.

> 2. '꾀다' : 종교적인 유혹을 통한 배도(신 13:14; 시 62:6)나 성적인 유혹을 통한 부도덕의 맥락에서 주로 사용된다.

'고운 말'은 문자적으로 '교훈', '달콤한 말'이란 뜻이다. 본 절은 소년을 유혹하기 위한 여인의 말이 상대를 설득시킬 만큼 매우 조리 있고 능수능란했음을 시사한다.

이 여인은 단순한 창녀가 아니라 자신의 관점과 가치관, 세계관을 확실하게 갖추고 있는 고수高手였다. 그녀는 '고운 말'을 구사할 수 있는 능력을 갖춘 자였다. 이 단어는 단지 부드럽거나, 달콤한 말이 아니라 앞에서 스승의 가르침을 대표하는 설득력 있는 가르침을 뜻한다(잠 1:5, 6:25).

이 여자는 자신의 철학이 분명하다. 그는 여러 가지(잠 5:23, 10:19) 말로 남자를 유혹한다. 후반절에서 '입술의 호리는 말'은 사실은 '입술로 다듬은 말'이다. 그는 '부드럽게 다듬어서' 젊은이의 정신을 빼앗아 가고 있다.

22절

> **젊은이가 곧 그를 따랐으니 소가 도수장으로 가는 것 같고**
> **미련한 자[1]가 벌을 받으려고 쇠사슬에 매이러 가는 것과 같도다**
>
> 1. '미련한 자'(אֱוִיל : 에윌) : 칠십인역[7]과 탈굼역[8]은 이 표현을 '숫사슴'을

---

7) 가장 오래된 헬라어역 구약성경. 히브리어를 모르는 유대인들을 위해 유대인 학자 70여 명이 B.C.250-200년경 애굽의 알렉산드리아에서 번역한 성경 _편집자 주

8) 히브리 원문에서 직접 아람어로 번역한 성경. 구약을 설명한 일종의 해설 성경이다. _편집자 주

> 뜻하는 '야알(איל)'로 번역하였다. 이 번역은 소와 병행을 이루어 젊은이를 짐승에 비유한다는 점에서 자연스럽다. 젊은이가 음녀를 좇는 일은 죽음의 무서운 결과가 기다리고 있음을 강조한다.

본 절은 음녀의 유혹에 빠진 젊은이가 장차 맞이하게 될 비참한 결과를 제시한다. 음녀는 결국 젊은이를 유혹하는 데 성공했다. 젊은이는 선뜻 따라 나섰다. 그는 따라나서겠다고 결단한 순간 모든 논리를 단순하게 여기며 여인을 따라갔다.

젊은이의 선택과 발걸음은 두 가지 직유로 제시된다. 첫째로 그것은 마치 '소가 도수장으로 끌려가는 것'과 같다. 짐승이 도수장에 들어가면 도살하는 자는 그 정맥이 흐르는 식도를 딴다. 짐승은 피를 흘리며 갑자기 죽어간다. '소가 도수장으로 가는 것 같다'는 말은 음행이 결국에는 자신의 멸망을 자초하는 어리석은 행위이며, 음녀의 유혹에 빠져 들어가는 청년의 모습은 마치 소가 자신의 죽음을 알지 못한 채 도살장으로 끌려가는 것과 같다고 본다. 어리석은 자는 순식간에 죽임을 당하게 되는 것이다.

둘째로 그의 선택은 마치 '올가미에 걸려드는 사슴과 같은 것'이다. 이 구절은 비평적으로 해석하기가 매우 어렵다. 성경의 다른 번역본에서는 '미련한 자를 경계하는 쇠사슬 같다'로 읽으나 의미가 잘 통하지 않는다. '쇠사슬'은 원래 이사야 3장 18절에 단 한 번 '발목'이란 뜻으로 나타나기 때문에, 주석가들은 '쇠사슬'로 본다. 그러나 '쇠사슬같이, 어리석은 자의 징계'라는 말은 의미가 분명하지 않다.

'발목'이라는 단어는 '깡충 뛰다'는 뜻의 동사로 읽을 수 있다. 혹은

'올가미에 걸리다'로 읽을 수도 있다. '어리석은 자'는 '사슴'과 자음 구조에서 별 차이가 없으므로 '사슴이 올가미에 걸리는 것 같다'로 볼 수 있다. 따라서 '사슴이 올가미로 뛰어들듯이'로 읽을 수 있는 것이다.

그렇다면 이 직유는 사냥하는 방법을 보여준다고 볼 수 있다. 사냥꾼들이 짐승 몰래 올가미를 숨겨 놓고 그것에 걸려들기를 기다리듯이 아주 막다른 곳으로 몰고 가서 빠져나갈 길이 없게 만든다. 이 음녀는 사냥꾼처럼, 앞에서 먹이를 사냥하기 위해 매복하고 있었다(12절).

'쇠사슬에 매이러 가는 것과 같다'는 말은 음행이 자신의 멸망을 자초하는 어리석은 행위임을 묘사하고, 음행이 결국 자신의 자유를 속박하고 죄의 종으로 만들 것이라는 비유적 표현이다.

23절 | **필경은 화살이 그 간을 뚫게 되리라**
새가 빨리 그물로 들어가되
그의 생명을 잃어버릴 줄을 알지 못함과 같으니라

음행에 빠진 자는 육체적인 쾌락을 만끽하며 스스로 최고의 행복을 소유한다고 생각할 수 있다. 그러나 그것은 일시적이며 허망한 것에 불과하다. 왜냐하면 새가 모이를 먹기 위해 그물을 쳐놓은 곳에 들어가면서도 모이에 정신을 빼앗겨 자신의 비극적인 운명을 인지하지 못하듯이, 음행에 빠진 자는 스스로 알지 못하는 사이에 영원한 죽음과 멸망에 빠지게 될 것이기 때문이다(전 9:12).

'새'는 가장 어리석은 존재이다. 그는 쉽게 속을 뿐 아니라(호 7:11)

운명을 모르고(잠 1:17; 전 9:12), 죽을 줄 모르고, 그물 속으로 자발적으로 들어가는 모습이 우스꽝스럽기까지 하다. 이 절의 첫 행에서 왜 갑자기 '화살'이 등장하는지는 이해하기 쉽지 않다. 왜냐하면 올가미에 잡힌 짐승을 활로 쏘아 죽이지는 않기 때문이다. 아마 이 절은 22절의 결론으로 제시된 것 같으며, 소년의 죽음을 치명적으로 묘사하는 것 같다. '화살'은 음행에 대한 보응을, '간'은 히브리인들의 개념상 생명의 중심(애 2:11)을 각각 상징한다. 따라서 화살이 그 간을 뚫는다는 말은 음행의 결과가 자신의 완전한 파멸을 초래하게 될 것임을 상징적으로 묘사한다. 젊은이에게 남은 것은 최후의 치명적인 죽음밖에 없었다.

'그의 생명을 잃어버릴 줄을 알지 못함과 같으니라'는 이 가르침에 있어서 아주 효과적이고, 적절한 결론이다. '젊은이'와 '새'는 둘 다 자신의 비극적 운명에 대해 전혀 눈치 채지 못한다. '그의 목숨'은 그가 지불해야 할 비용이 되었다.

24절 | 이제 아들들아 내 말을 듣고 내 입의 말에 주의하라

음행에 빠진 청년에 대한 실례가 앞 절에서 끝나고 본 절에서는 실례를 토대로 한 실제적 교훈을 다시 주고 있다.

'그러므로 이제 아들들아'라는 시작은 1절의 '아들아'로 돌아가며 수미일치를 이룰 뿐 아니라, '아들'이라는 단수에서 후손들을 뜻하는 '아들들아'로 자신의 교훈을 확장해 가고 있다. '나의 (말을) 잘 들어라'라는 구는 음녀에 대해 길게 가르친 아버지의 첫 가르침의 서론과 정확하게 일치한다(잠 5:7). 후반절의 '내 입의 말에 주의하라'(잠 4:5)는 앞에 나온 '음녀 입술의 말'과 대립각을 만들어 준다(잠 7:21).

25절 **네 마음이 음녀의 길로 치우치지 말며**
그 길에 미혹되지[1] 말지어다

1. '미혹하다'(תָּעָה : 타아) : 길을 잃고 헤매는 것, 윤리적인 탈선을 뜻하는데, 본 절에서 이 동사는 명령의 의미를 나타낸다. 정도에서 빗나가거나 결코 치우치지 말고 바른 길을 가야 한다는 것이다. 그 기준은 인자와 진리로 가득 찬 하나님의 율법이며 지혜의 가르침이다.

지혜자는 자신의 말에 주의할 것을 요청한 후에 반대의 정황을 제시한다. 즉 음녀의 길로 치우쳐서는 안 된다. '치우치다'는 동사는 기본적으로 '(길을 잃고) 방황하다'는 뜻이며(창 21:14, 37:15; 시 107:4), 은유적으로는 '잘못된 길에서 방황하고 있는 모습'을 보여 준다(민 5:19, 20, 29). 즉 '치우치다'란 말은 패역한 음행의 길, 즉 타락의 길에 들어서는 것을 의미한다. '미혹되지 말지어다'라는 말은 직역하면 '네 마음을 기울이지 말라'는 뜻이다. 따라서 본 절은 음란한 여인과는 아예 처음부터 어울리지도 말고, 마음에 관심조차 갖지 말라는 권면이다(잠 5:8).

26절 | 대저 그가 많은 사람을 상하여 엎드러지게 하였나니 그에게 죽은 자가 허다하니라

음행의 심각한 결과를 보여주는 말로, 음행은 그것에 참여한 자들에게 영육 간에 상처를 주어 결국 멸망에 이르게 한다는 말이다.

지혜자는 마지막으로 그동안 소개된 음녀의 모습과 전혀 다른 무시무시한 신화적 괴물로서의 모습을 제시한다. 음녀는 살인마이며 그 어떤 용사도 감당할 수 없는 죽음의 여신이며, 그의 집은 바로 음부 자체이다. 그는 희생자와 함께 즐겁게 놀아 주는 자가 아니며, 죽음을 초래하는 자이다.

'상한 자'는 창이나 무기에 찔린 자이며, 격렬한 전쟁에서 희생된 사람을 가리킨다. 즉 여기의 희생자는 수명을 다하고 자연스럽게 죽은 것이 아니라 치열한 전쟁을 통해 죽임을 당한 자이다. 음녀는 많은 사람들을 간교한 말로 치명상을 입혀 쓰러지게 했다.

후반절은 단지 '그에게 죽은 자가 허다하니라'가 아니라 '강한 자들이 많이 죽임을 당하였다'로 읽어야 한다. 즉 그는 힘과 지략에 있어서 감히 덤빌 수 없는 장군들과 용사들조차 쉽게 죽였다는 뜻이다. 여기에서도 '죽이다'는 전쟁 상황을 반영한다. 이 여인은 마치 바빌론 신화 속 용사인 여신 이슈타르와 수메르의 이난나와도 모습이 비슷하다.

27절 | 그의 집은 스올의 길이라 사망의 방으로 내려가느니라[1]

1. '내려가느니라'(יָרַד :야라드) : 위에서 아래로 내려가는 행위를 말하는데,

> 이 동사의 중요한 신학적 용법은 땅 아래 있는 '음부'로 내려가는 것을 묘사한다. 여호와를 멸시한 자가 받는 형벌은 음부에 내려감을 당하는 것이다.

잠언 2장 18절, 5장 5절과 동일한 표현으로 음녀의 유혹에 빠지는 것, 즉 순간적인 육체의 쾌락을 위해 음행을 일삼는 행위는 결국 육체뿐만 아니라 영혼까지도 완전히 멸망시키는 패역한 행위라는 말이다.

이 절은 '그의 집'으로 시작하고 있으며, 앞에 나온 온갖 사치품과 향락이 가득한 집을 연상시킨다(잠 7:8, 7:16-18). 그러나 사실 그의 집은 '스올로 트인 길'이다(잠 5:5, 9:18). 여기에서 '길'은 복수형으로서 죽음으로 내려가는 길이 '많이 있음'을 보여 준다. 그녀와 만나는 것은 온갖 어리석음, 정욕, 수치, 방탕, 교만 등에 빠지는 것이며, 결국 죽음으로 내려가는 길이 많음을 말해 준다. 즉 어리석은 젊은이는 죽지 않고 나오는 것이 결코 쉽지 않을 것이다.

아버지의 교훈은 끝으로 '사망의 방'으로 마치고 있다(잠 2:18, 5:5). '방'은 외부 세계와 차단되었을 뿐 아니라 큰 집안에 있는 바깥의 방들 안에 둘러싸인 '안방'을 뜻한다. 달리 말하자면, 이 음녀의 안방으로 들어간 사람은 결코 나올 수 없다는 뜻이다.

한 번 더 생각하기

본문 6절과 7절에서 지혜자가 자신의 집에서 지혜가 없는 젊은이를 보고 있다고 말한다. 지혜자는 어리석은 젊은이를 보고 있다. 젊은이는 아마도 아무도 자기를 보지 못할 것이라고 여기며 음녀의 골목 모퉁이로 갔지만, 지혜자는 그 광경을 모두 다 지켜보고 있었다. 집 2층, 온 거리를 잘 살필 수 있는 위치에서 어리석은 젊은이가 하고 있는 모든 일을 지켜보고 있었던 것이다.

그 길로 가면 좋지 못한 일을 당할 것을 잘 알고 있는 지혜자는 안타깝게 지켜볼 따름이다. 아무것도 할 수 없고 보고만 있을 뿐이라 안타까움이 더해지는 광경이다. 그러나 어리석은 젊은이는 아무도 보고 있지 않을 거라 생각하고 그 어리석은 길로 들어간다.

이것이 지혜 있는 사람과 지혜 없는 사람의 차이다. 지혜 있는 사람은 누군가가 보고 있다는 것을 안다. 그래서 죄악의 길로 들어서지 않기 위해 항상 자기를 살펴 근신하고 자신을 삼간다. 하지만 지혜 없는 어리석은 젊은이는 자신이 행하는 것을 아무도 모른다고 생각한다.

사람이 은밀하게 행한 죄악은 반드시 드러나게 된다. 모든 것이 환히 밝혀질 것이다. 무엇인가를 숨길 수 있고 아무도 모를 것이라 생각하는 것은 어리석은 자의 마음에서 나오는 자기위안일 뿐이다. 아무도 모르게 모든 것을 처리할 수 있다고 자신하는 사람이 있을 수 있다. 이런 사람들의 생각처럼 사람들 앞에서 무엇인가를 숨길 수 있을지 모르겠지만, 모든 것을 불꽃같은 눈으로 살펴보시는 하나님 앞에서 무엇을 숨기거나 감출 수 있는 사람은 아무도 없다. 아무도 모르게 죄악의 달콤한 열매를 따 먹으려는 인생들은 자신이 하나님의 눈을 피해 뭔가 할 수 있다고 착각하고 있는 것이다. 그러므로 지혜로운 사람은 주변의 시선 뿐 아니라 하나님의 눈이 우리 인생을 항상 살펴보신다는 사실을 기억하고 항상 죄악을 멀리해야 한다. 지혜 없는 사람들이 아무도 모르게 죄악의 열매를 몰래 취할 수 있다고 생각하지만, 하나님께서는 그것을 안타까운 심정으로 바라보고 계시다는 것을 지혜자의 모습을 통해 볼 수 있어야 한다.

지혜로운 사람이 누구인가? 그 마음이 하나님을 인정하고 그 마음에 하나님을 모시고 사는 사람이다. 그는 모든 행위를 보고 계시는 하나님 앞에서 자신에게 주어진 성도로서의 삶에 최선을 다하는 사람이다. 또한 하나님 앞에 있다는 코람데오 의식으로 말미암아 죄의 유혹에서 벗어날 수 있는 복된 삶을 살게 된다.

> 사람이 불을 품에 품고서야 어찌 그의 옷이 타지 아니하겠으며 사람이 숯불을 밟고서야 어찌 그의 발이 데지 아니하겠느냐(잠 6:27-28)

어떤 사람이 뭔가 위험한 일을 한다면 그는 그 일의 대가를 치르게 된다. 성적으로 부도덕한 일을 그저 장난삼아 한다는 것은 너무나 위험하다. 그것은 다음과 같은 세 가지 측면에서 당신을 불태우게 될 것이다.

첫 번째, 죄의 인과관계에 의한 결과가 있다. 당신은 성관계를 통해 전염병에 걸릴 수도 있고, 죄의식으로 인해 감정적인 괴로움을 겪을 수도 있다. 또한 죄의 올무에 걸려서 가족이나 당신의 명예를 망쳐 버릴 수도 있다.

두 번째, 하나님으로부터 받는 연단의 결과가 있다. 주님은 자녀인 우리를 너무나 사랑하시기 때문에 자기 파괴적인 행동에 몰두하도록 내버려두지 않으시고, 그 일에 대해 우리를 환난 가운데 연단시키신다(히 12:5-12).

세 번째, 영적인 공격의 기회를 제공한다. 죄를 회개하지 않는 것은 악마가 우리 삶 속에서 활개를 치도록 내버려두는 기회를 제공하는 것이다(엡 4:27).

성적인 부도덕을 가볍게 여기면 안 된다. 만약 당신이 그러한 일을 한다면 반드시 심각한 대가를 치를 것임을 명심해야 한다.

잠언 8장

지혜의 우월성

하나님이 우리에게 잠언을 주신 이유는 바로 그분이 좋으신 분이기 때문이다. 하나님은 우리가 인생의 올바른 길과 안전한 길을 이해하기를 원하신다. 그러나 지혜에 대한 하나님의 가르침을 무시하면 결코 안전하지 않다. 그것은 파멸의 길이다. 갈라디아서 6장 7절은 다음과 같이 말한다.

“스스로 속이지 말라 하나님은 업신여김을 받지 아니하시나니 사람이 무엇으로 심든지 그대로 거두리라.”

하나님은 존귀하게 여김을 받으셔야 한다. 만약 그분을 존귀하게 여기지 않는다면 그 대가를 치르게 될 것이다. 하나님께 순종하지 않고 그분의 지혜를 외면하면 인과관계에 의한 결과나 하나님의 징계에 의해서 그 값을 치르게 될 것이다. 그것이 바로 잠언의 경고이다.

잠 8:1-11

◇

지혜는 진주보다 나으므로

지혜가 부르지 아니하느냐 명철이 소리를 높이지 아니하느냐 그가 길 가의 높은 곳과 네거리에 서며 성문 곁과 문 어귀와 여러 출입하는 문에서 불러 이르되 사람들아 내가 너희를 부르며 내가 인자들에게 소리를 높이노라 어리석은 자들아 너희는 명철할지니라 미련한 자들아 너희는 마음이 밝을지니라 너희는 들을지어다 내가 가장 선한 것을 말하리라 내 입술을 열어 정직을 내리라 내 입은 진리를 말하며 내 입술은 악을 미워하느니라 내 입의 말은 다 의로운즉 그 가운데에 굽은 것과 패역한 것이 없나니 이는 다 총명 있는 자가 밝히 아는 바요 지식 얻은 자가 정직하게 여기는 바니라 너희가 은을 받지 말고 나의 훈계를 받으며 정금보다 지식을 얻으라 대저 지혜는 진주보다 나으므로 원하는 모든 것을 이에 비교할 수 없음이니라

1절 | 지혜가 부르지 아니하느냐 명철이 소리를 높이지 아니하느냐

'부르고 있지 않느냐?'와 '소리를 높이고 있지 않느냐?'는 수사의문문으로, 부정을 통한 강한 긍정의 주장이다. 이 말을 듣는 자는 신속하

게 응답해야 한다. '부르다'와 '소리를 높이다'는 앞에서도 가끔 평행을 이루며 나타난다(삼상 12:17, 18; 잠 2:3). 즉 지혜는 충분히 큰소리로 말하기 때문에 누구나 귀를 막지 않는 한 들을 수 있다.

지혜의 부름은 음녀의 초대와 강한 대조를 이룬다. 누군가 부르고 있다. 누구인가? 지혜이다. 지혜의 부름을 크게, 분명히 듣고 있다. 지혜와 명철을 동사 앞에 두어 강조하는 것이다. 이 절에서 '지혜'와 '명철'은 평행을 이루며(잠 2:2, 3:13, 3:19, 5:1), 구문구조에 있어서 동사보다 앞에 나와서 강조한다. 여기서 명철은 지혜의 다른 명칭으로 보아야 한다(14절에서 지혜는 자신을 '명철'이라고 부른다).

2절 **그가 길 가의 높은 곳과 네거리에 서며[1]**

1. '서다'(נצב : 나차브) : '서다', '임명하다'라는 뜻으로 사람들이 볼 수 있도록 자신을 내보이는 것을 의미한다. 지혜는 사람들로 하여금 자신을 볼 수 있도록 가장 높은 곳에 서서 자기를 드러낸다. 진리는 감추어 있지 않고 만방에 드러나야 하며, 그로써 사람들이 깨닫고 따르도록 한다.

'길가'는 많은 사람들이 열심히 자신의 길을 가는 곳이다(잠 1:15; 삼하 15:2). '길'은 문자 그대로 길일 수 있고, 은유적으로는 '삶의 방식'을 가리킨다. 즉 이곳은 일상생활이 이루어지는 곳이다.

'높은 곳'은 일반적으로 도시의 언덕과 높은 지역으로 볼 수 있다. 직역하자면 '높은 곳의 머리'이며, 여기의 머리는 최상급이므로 '가장 높은 꼭대기'로 볼 수 있다(잠 1:21, 9:3; 렘 51:53). 이곳은 아마 가장 높은 성벽에 대한 환유일 것으로 보인다. 이곳은 모든 사람이 볼 수 있는 곳일 뿐 아니라 공적인 자리라는 이중적 강조이다.

'사거리'는 앞에서도 다루어졌다(잠 1:15). 이 구는 직역하자면 '길의 집'이지만 여기의 '집'은 '…사이'를 뜻하는 것으로 볼 수 있다.

3절 **성문[1] 곁과 문 어귀와 여러 출입하는 문에서 불러 이르되**

1. '성문'(שַׁעַר : 샤아르) : 백성들의 각종 집회가 열리는 장소였을 뿐만 아니라 종교적인 행사와 재판이 열리는 곳이었다. 또한 장이 열리고 죄인의 시신이 전시되기도 했다. 공공장소에서 공개적으로 지혜가 소리치는 사실을 강조했는데, 이는 듣는 자들은 누구나 지혜의 세계로 초대될 수 있다는 가능성을 말한다.

'지혜가 부른다'는 말은 지혜가 모든 사람에게 개방되어 있음을 나타내는 의인화된 표현으로, 전반적으로 1장 20-21절의 반복이다. '성문 곁과 문어귀'는 오고 가는 사람들을 모두 볼 수 있고, 만날 수 있고, 음녀가 사람들을 악으로 유혹하는 장소인 음침한 모퉁이와 뚜렷한 대조를 이루고 있다. 본 절은 하나님이 주시는 지혜가 모든 사람들이 깨달을 수 있도록 개방되어 있을 뿐만 아니라 누구에게나 유익한 것임을 시사해 준다.

본 절에는 '문들'이 강조되며, 개역성경에서는 '성문 곁과 문어귀와 여러 출입하는 문'으로 번역하여 마치 세 개의 성문이 있는 것 같은 느낌을 주지만, '도시 어귀 성문 곁과 여러 출입문'으로 번역해야 할 것이다. 즉 '성문 곁과 문어귀'는 두 개의 다른 문이 아니라 동격으로서 '도시 어귀 성문 곁'으로 보아야 한다. '도시'로 번역한 단어는 희소한 단어이며, 그 어근도 불분명하다(잠 9:3, 14, 11:11; 욥 29:7). 희소한 단어를 사용하는 것은 지혜자가 자신의 지식을 은근히 드러내는 것일 수도 있다.

'성문'은 도시 생활에서 제일 중요한 곳이다. 이곳에서 장사(왕하 7:1, 17-20), 재판(신 21:19, 22:15; 삼상 9:18), 공적인 업무(룻 4:1; 욥 5:4; 잠 31:23)가 이루어지고, 제의적 활동(왕하 23:8)과 예언(렘 17:19-20, 36:10)도 했다. 고대사회에서 성문은 매우 중요했기 때문에 그곳에 여러 개의 방들을 만들었고, 많은 사람들이 매일 성문을 통과했다(렘 17:19).

'여러 출입문'은 성문 자체보다 성문 안으로 들어가는 입구를 이루는 바깥쪽을 말한다. 즉 밖에서 본 성문이다. 압살롬이 자신의 정치적인 기반을 이곳에서 쌓았고(삼하 15:2), 예레미야 선지자도 이곳에서 예언을 했다(렘 17:19-20). 즉 이곳에서 모든 사회적, 경제적, 법적 활동이 이루어진다.

지혜는 이곳에서 큰소리로 외치고 있다. 즉 그는 많은 사람들이 번잡하게 오고 가는 곳에서 청중을 부른다. 그는 성문의 안과 밖, 곧 치열한 경쟁이 있는 곳에서 사람들을 모으고 있다.

4절 | **사람들아 내가 너희를 부르며**
내가 인자들에게 소리를 높이노라

계속해서 사람들의 무지를 깨우치고, 그들을 생명의 길로 인도하는 지혜의 역할을 강조하기 위해 지혜를 의인화하고 있다. '사람'은 어느 정도 다양한 경험을 통한 실제적인 지혜를 소유하지만 아직 계몽이 더 요구되는 사람을 가리킨다. '인자'는 '사람의 아들'이란 뜻이다. 그러나 여기서 '인자'라는 말은 예수께서 자신을 가리켜 '인자'라고 말씀하신 것과 구별되는 말로 세속적인 관심에 젖어 사는 일반적인 인간을 가리킨다.

원문에서는 '너희들에게'가 문장 앞에 나와 강조한다. '너희들'은 바로 '사람들'과 '인자들'이다. 이 두 단어가 함께 나타날 때에는 모든 계층, 인종, 성을 포함한 전체성을 강조해 준다. 즉 지혜는 귀천과 빈부를 막론하고 모든 사람들을 다 부른다는 것이다.

5절 | **어리석은 자들아 너희는 명철할지니라**
미련한 자들아 너희는 마음이 밝을지니라

'어리석은 자'는 육신의 생각에 사로잡혀 영혼의 일을 생각지 못하는 우둔한 사람을 가리키며, '미련한 자'는 완고하고 우둔하여 자신이 악한 길로 행하면서도 그 사실을 전혀 알지 못하고 계속 그 길로 나아가는 자를 말한다.

지혜는 구체적으로 '어리석은 자들'과 '미련한 자들'을 말한다(잠 1:22, 32). 이들은 생각이 얕아 신중하게 생각하지 않기 때문에 악한 자들에게 속기 쉬우며, 때로는 '지혜를 미워하고'(잠 1:22), 지혜의 연설을 거부하기도 한다(잠 12:23). 그러나 지혜는 그들도 밝은 지성을 가질 수 있다는 희망으로 초대한다.

지혜는 바로 이러한 자들에게 그들이 행하는 악한 길을 깨닫게 함으로써 헛되고 허망한 육신의 일보다 영원한 영혼의 일을 위해 근심하고 힘쓰도록 권면한다. 이것이 바로 지혜가 가져다주는 실제적 유익이다. 사람이 지혜를 얻을 수 있는가의 여부는 곧 자신의 생명과 직결된 중요한 문제인 것이다.

이 절에서는 '명철하여라'와 '마음이 밝아라'가 원어에서 동일하기 때문에, 여러 학자들은 '마음을 견고히 하여라'로 수정하여 읽도록 제안한다. 첫 행에 나오는 '너희는 명철을 깨달아라'와 유사한 문구는 이미 언급된 바 있다(잠 1:4 전반부). 어리석은 자들은 '명철', 즉 간교함이 무엇인지 알고 이해해야 한다(잠 19:25). 즉 그들은 어떻게 살아야 하는지 아직 잘 모르고 있는 것이다.

6절 | 너희는 들을지어다 내가 가장 선한 것을 말하리라
내 입술을 열어 정직을 내리라

편벽이나 거짓이 전혀 없이 사람을 완전한 의의 길로 인도하는 지혜의 가치를 부각시키는 말씀이다. 특히 '가장 선한 것', '정직'이란 하나님이 주시는 지혜 그 자체의 완전성과 충족성을 나타내는 상징적 표현으로, 사람이 지혜를 얻는 것보다도 더 중요하고 가치 있는 것은 없다는 사실을 말하고 있다.

지혜는 '내가 말하겠다'며 첫 동기절을 열어 준다. 전반절의 '내가 말하다'는 구두선포를 부각시켜 준다. 후반절의 '입술을 열다'는 여는

행동보다는 지혜가 나오는 '장소'를 강조한다(대상 9:27). 지혜의 입술이 열리자마자 진리가 쏟아져 나옴과 같다. 이 절에는 지혜의 가르침이 가진 첫 두 가지 특성이 선한 것과 정직한 것으로 제시된다.

7절 | 내 입은 진리를 말하며 내 입술은 악을 미워하느니라

사람의 입은 신실하지 못한 더러운 말을 내어 그 사람으로 하여금 죄를 짓게 하나(시 5:9; 엡 4:29) 하나님의 지혜를 의지하는 자는 참된 진리를 말하며 결코 악한 것을 말하지 않는다는 사실을 제시함으로써 사람의 입과 하나님의 지혜를 비교하여 설명한다. 본 절은 사람이 자신의 주관적인 사고에 의지하여 함부로 말하는 어리석은 행동을 지양하고 하나님의 말씀을 따름이, 자신의 삶을 바르고 정직하게 만드는 첩경임을 나타내 준다(시 19:8).

원문에서 이 절을 시작하는 부사인 '참으로써', 혹은 '왜냐하면'은 동기절을 계속 연결하며, 지혜의 가르침이 종교적이고 윤리적인 차원을 갖고 있음을 강조해 준다. 앞 절의 '바른 것'과 '정직한 것'은 구체적으로 세 번째와 네 번째의 특성으로 '진리'와 '악을 미워하는 것'으로 나타난다.

지혜의 연설은 진실하며, 그 안에 속임수가 없다(창 42:16; 신 17:4; 왕상 10:6; 시 15:2). 진리 외에는 말하지 않는다. '말하다'는 '묵상하다' 혹은 '생각하다'(시 1:2; 잠 15:28), '소리를 내다'(사 3:4, 38:14), '속삭이다'(사 8:19)는 뜻으로 사용되기도 하지만, 현재의 문맥에서는 '말하다'로 본다.

'내 입술은 악을 미워하느니라'는 원문에서 '악은 입술에 가증함이 다'라는 어색한 문구로 나타나며, 칠십인역은 '거짓 입술은 내 앞에 가증하다'로 읽는다. 즉 '내 입술은 악을 싫어한다'는 뜻으로, 잠언 12장 22절에도 유사한 표현이 나타난다(16:13). 악한 말은 지혜의 본성을 거스르기 때문에 함께 공존할 수 없다(욥 6:30).

8절 **내 입의 말은 다 의로운즉**
그 가운데에 굽은 것[1]과 패역한 것이 없나니

1. '굽은 것'(נִפְתָּל : 니프탈) : '뒤틀리다'라는 의미의 동사 '파탈(פתל)'의 분사형으로 '뒤틀린 것', 즉 부정적이고 왜곡된 것을 의미한다. 여호와를 향하여 악을 행하는 자는 흠이 있는 사곡한 자이며, 여호와의 미움을 받는 자이다.

지혜의 가르침이 가진 성격을 제시해주고 있다. 지혜의 메시지는 '의롭다', 즉 틀림이 없다. 특정한 상황에서 늘 바른 것과 잘못된 것을 구별할 능력이 있다. 그의 말이 바르기 때문에 의인에게 바른 것을 가르칠 수 있다.

'굽은 것'과 '패역한 것'은 자주 평행을 이루며(신 32:5; 삼하 22:27), 두 번째 단어가 첫 번째 단어를 꾸며 주는 역할을 한다. 일반적으로 '굽었다'는 신체적인 왜곡에 대해 말해 주며(창 30:8; 욥 5:13), 후자는 길(잠 2:15), 마음(시 101:4), 입과 입술(잠 4:24, 6:12, 19:1) 등에 적용된다.

9절 | 이는 다 총명 있는 자가 밝히 아는 바요
지식 얻은 자가 정직하게 여기는 바니라

본 절은 지혜가 모든 사람에게 개방되어 있지만 그 지혜가 주는 유익은 결코 아무나 얻지 못하고 지혜의 참된 가치를 아는 사람만이 얻을 수 있음을 말하고 있다.

'총명한 사람'은 '분별력이 있는 사람'이다. 즉 그는 긴 과정에 걸쳐서 지식을 열심히 찾았고, 드디어 얻은 사람이다. 다른 사람들보다 지능이 좋은 사람이 아니라 지혜에 대해 열린 마음을 가진 자이다(잠 14:8, 17:10).

'밝히 아는 바'는 '옳게 생각한다'는 뜻이다. 분별력이 있고, 어느 정도의 지식을 얻은 사람은 지혜의 가르침을 깨닫는 데 어려움이 없다는 것이다. 지혜를 거부하는 어리석은 사람은 아무리 지혜가 명료해도 그에게는 모순과 상충된 것밖에 보이지 않는다.

10절 | 너희가 은을 받지 말고 나의 훈계를 받으며
정금보다 지식을 얻으라

3장 14절의 반복된 교훈으로, 은이나 금 곧 재물이 필요 없다거나 중요하지 않다는 말이 아니라 지혜보다는 덜 중요하다는 뜻이다. 즉 지혜의 우월성, 다시 말해 이 세상에는 결코 지혜를 대신할 만한 것이 없다는 사실을 강조하는 비유적 표현이다.

지혜문학에서 지혜는 자주 '은금'과 비교된다(잠 2:4, 3:14-15, 16:16, 20:15; 욥 28:15-19). 지혜와 보화의 비교는 격언적 형식을 취하며, 다양한 형식적 발전을 해왔다. 욥기 28장 15-19절에 지혜가 13개 이상의 값진 보석들과 비교되며, 이런 유형의 격언에서 가장 완성된 모습을 보여준다.

'받다'라는 동사는 본서에서 대부분 교육적인 맥락에서 나타나며, 참된 가르침(잠 1:5, 2:1, 24:32)이나 거짓된 가르침(잠 6:25, 7:21, 22:24-25)을 수용하는 맥락에서 나타난다. 즉 청중들은 진리와 거짓 가운데 하나를 선택하여야 한다.

후반절에서 언급된 '정금'(잠 3:14, 8:19, 16:16)은 당시엔 정련이 어려웠기 때문에 매우 비싼 것이었다. 지혜자는 그 정금을 예로 들며 이 세상에서 가장 소중한 보배보다 지식이 더 소중함을 가르치고 있다.

11절 **대저 지혜는 진주보다 나으므로**
원하는 모든 것을 이에 비교할 수[1] 없음이니라

1. '비교할 수'(שָׁוָה: 샤와)는 비교의 의미에서 일치하거나 부합하는 것을 뜻하는데 지혜는 최상의 보석이 주는 기쁨과 결코 같을 수 없다는 의미다. 이 동사의 미완료형과 부정어 '로(לֹא)'는 강한 부정과 영속성을 나타내며 지혜의 절대적인 가치를 보여준다.

지혜의 우월성을 강조하는 앞 절에 대한 보완적 설명으로 3장 15절의 반복이다.

10절에서 지혜는 스스로 '내 훈계'와 '내 지식'을 선택하라고 했는데, 11절에서 지혜는 3인칭으로 소개된다. 앞 절에서 '은'과 '정금'보다 더 좋은 지혜는 여기에서 '진주'와 '탐스러운 어떤 것'보다 더 좋은 것으로 나타난다. 이 절은 앞서 3장 15절에 언급됐으며, 후대 서기관의 첨가로 여길 수 있다.

한 번 더 생각하기

하나님은 절대적으로 선하고 정직하시므로(시 25:8) 그의 지혜 또한 선하고 정직하여 조금도 굽은 것과 패역한 것이 없다. 또한 하나님이 정하신 세상의 일반적 법칙과 자연계의 질서와 비교하여 볼 때도 전혀 어긋남이 없이 잘 조화된다. 그러므로 하나님의 지혜는 인간의 본성과 자유를 속박하지 않고, 그 말씀에 따르는 자에게 오히려 참된 자유와 기쁨을 가져다준다(요 8:32).

미련한 자는 하나님의 말씀 속에 있는 생명을 보지 못하고 현재의 육신의 안일함을 추구하여 지혜와 훈계를 멸시한다(잠 1:7). 그러나 지혜의 말씀을 주의 깊게 경청하고 깨닫는 자는 그 말씀의 진실됨과 유익함을 알고, 그로 인해 영혼의 유익을 얻게 된다. 지혜는 자신의 가르침이 가지고 있는 성격에 대해 종합적인 결론을 내린다. 그의 초청과 호소를 듣는 사람들은 많지만 모두가 바른 응답을 하지 않는다. 따라서 그의 지혜를 들으려는 사람만이 그의 메시지를 들을 수 있다.

지혜는 우리의 사소한 잘못을 지적하고 호된 꾸지람을 준다. 이를 어떻게 받아들이느냐에 따라 우리는 성장할 것인가, 도태될 것인가의 갈림길에 서게 된다. 훌륭하게 성장하기 위해서는 이러한 지혜의 충고와 꾸지람을 수용해야 한다. 주님께서도 우리를 향한 사랑으로 우리가 가야 할 길에 대한 바른 지침을 주신다.

잠언의 저자는 오랜 시간 영롱함을 간직하여 많은 가치를 담고 있는 진주보다 더 귀한 것이 바로 지혜임을 언급한다. 우리는 눈에 보이는 진주의 가치와 비교할 수 없이 귀한 가치를 가진 지혜를 사모해야 한다. 그리고 지혜의 근본인 여호와를 경외함으로 진정한 지혜를 추구해야 한다.

잠 8:12-21

◇

지혜의 초청

나 지혜는 명철로 주소를 삼으며 지식과 근신을 찾아 얻나니 여호와를 경외하는 것은 악을 미워하는 것이라 나는 교만과 거만과 악한 행실과 패역한 입을 미워하느니라 내게는 계략과 참 지식이 있으며 나는 명철이라 내게 능력이 있으므로 나로 말미암아 왕들이 치리하며 방백들이 공의를 세우며 나로 말미암아 재상과 존귀한 자 곧 모든 의로운 재판관들이 다스리느니라 나를 사랑하는 자들이 나의 사랑을 입으며 나를 간절히 찾는 자가 나를 만날 것이니라 부귀가 내게 있고 장구한 재물과 공의도 그러하니라 내 열매는 금이나 정금보다 나으며 내 소득은 순은보다 나으니라 나는 정의로운 길로 행하며 공의로운 길 가운데로 다니나니 이는 나를 사랑하는 자가 재물을 얻어서 그 곳간에 채우게 하려 함이니라

지혜는 인격적 주체로 자신을 소개하고 있다. 여기서 인격적으로 등장한 지혜는 하나님 자신이 그 속성을 드러내 소개하는 것으로 이해될 수 있다. 그러므로 지혜를 얻는다는 것은 지식과 근신, 명철, 분별력과 같은 특성을 얻는 것 그 이상의 의미가 있다. 즉 그것을 허락하시는

하나님을 인격적으로 만나는 것을 의미한다. 인격적 주체로서의 지혜는 명철과 지식, 근신과 가까이 하지만 교만과 거만, 악한 행실과 패역한 입은 미워한다고 스스로를 소개하고 있다.

12절 | 나 지혜는 명철로 주소를 삼으며 지식과 근신을 찾아 얻나니

'지혜는 명철로 주소를 삼는다'는 말을 직역하면 '지혜는 명철과 더불어 산다'는 뜻이다. '찾아 얻는다'는 말은 '발견하여 확실히 소유한다'는 말이다. 본 절은 명철과 지식, 근신이 지혜의 속성임을 보여준다.

지혜는 자신의 근원적 위치에 대해 제시한다. 앞 연에서 '너희는 … 하라'는 명령형이 '나는 …을 한다'는 직설법으로 전환된다. 이 절에 '명철, 지식, 근신'은 모두 1장 4절에서 이미 다루어졌다.

여기에서 특이한 점은 지혜가 스스로 '나는 지혜이다'라고 밝힌다는 점이다. 이것은 고대세계에서 왕들의 비문과 신의 선포에 나타나는 자기소개 형식이다. 지혜는 마치 하나님께서 자신을 계시하는 것처럼(출 6:2) 자신의 진정한 모습을 계시한다.

'나는 명철로 주소를 삼는다'는 히브리어 구문은 약간 어색하며, 다양한 번역들이 제시되었다. '나는 명철에 산다'는 말에 대해 생각할 것은 지혜는 명철과 동일하지는 않지만 명철과 가까이 있기 때문에 삶의 모든 영역에서 올바른 판단력을 제공해 줄 수 있다는 것이다.

후반절은 전반절을 좀 더 구체화시켜 준다. '지식과 근신'은 중언법으로 '정신적인 민첩성, 융통성'을 뜻한다. '내가 찾는다'는 지혜 추구에 있어서 지혜 자신이 모범이 되고 있음을 말하는 것이다. 이는 사람들이 지혜와 지식을 찾아서 점점 더 높은 경지의 통찰을 갖게 되는 것처럼 지혜 자신도 더 넓은 지식을 찾아가는 모습을 보여준다. 지식을 찾는다는 것은 다양한 배움의 과정을 통과하는 것이다(잠 2:5, 24:14).

13절 여호와를 경외하는 것은 악을 미워하는 것이라
나는 교만과 거만[1]과 악한 행실과 패역한 입을 미워하느니라

1. '교만'(גֵּאָה : 게아)과 '거만'(גָּאוֹן : 가온)은 유사한 의미의 동사로서 둘 다 '높다'라는 의미의 동사 '가아(גאה)'에서 유래하였다. '교만'은 구약성경에서 이곳에서만 유일하게 사용되었고, '거만'은 위엄 있고 영화로운 것을 나타내지만 대부분은 부정적인 의미로 겸손의 반대 개념을 나타낸다.

이 절은 갑자기 삼행으로 제시되고 있다. 특히 전반부는 '주님을 경외하는 것'에 대한 설명이기 때문에(잠 1:16, 3:17, 16:6; 욥 28:28) 현재의 문맥에 잘 어울리지 않는데, 지혜가 1인칭으로 말하는 흐름을 깨뜨린다. 많은 학자들은 경건한 가르침을 위해 이 행을 서기관이 삽입했을 것으로 본다. 그러나 고대의 사본들과 역본들이 이 행을 모두 보존하고 있기 때문에, 후대 첨가설에 대한 본문상의 근거를 찾기는 힘들다. 잠언 교육의 기초는 '주님을 경외하는 것'이므로(잠 1:7), 이는 '지혜자'에 대한 동의어로 볼 수도 있다.

지혜는 자신이 가르치는 모든 교훈의 요점이 악을 미워하라는 것임을 밝히기 위해 '여호와를 경외하는 것이 지식의 근본'(잠 1:7)이라

고 말하지 않고, 대신 '여호와를 경외하는 것은 악을 미워하는 것'이라고 말했다. 그러면서 여호와가 미워하시는 악들을 명시한다. 여호와께서 미워하시는 악에 대해서는 6장 16-19절에도 이미 언급됐다. 이처럼 본 절은 지혜는 결코 하나님을 떠나서는 얻을 수 없고, 오직 하나님의 말씀대로 진리를 좇고 악을 대적하는 생활을 하는 경건한 사람에게만 주어진다는 것을 교훈한다.

중 · 후반부에서 지혜는 앞 절에서 말한 '명철, 지식, 분별력'과 대조되는 정신적 세계에 대하여 말한다. 그는 자신의 명민함을 악에 쓰지 않고 도덕적 · 윤리적 입장을 확실히 제시한다.

'교만'과 '거만'은 비슷한 뜻을 가지며 어근에 있어서도 동일하게 '높다'는 뜻이다. 즉 한 쌍의 동족으로서 '온갖 종류의 교만'을 말한다. 문법적으로 볼 때 전자는 여성이며 후자는 남성이므로, 양성의 통합을 통해 총체성을 표현한다고 볼 수도 있다(욥 35:12; 시 59:13; 잠 16:18). 따라서 이 두 단어는 '악한 행실'과 결합된다(잠 1:15). '악한 행실'은 '길'로서 삶의 방식을 말해 주며, 삶의 방식이 악함을 뜻한다. 이것은 말과 행동을 모두 포함한다(잠 2:12). 마지막 구를 이루는 '패역한 입'은 말로서 주님의 도덕적 · 윤리적 질서를 전복하려는 태도를 보여준다(잠 2:12, 22:5). 악인들은 거짓말과 속임수로 진리를 왜곡시킨다.

이 절에서 가장 흥미로운 현상은 '내가 미워한다'가 문장 처음에 나오지 않고 마지막에 나옴으로, 다양한 악의 모습에 대한 지혜의 태도를 최종적으로 제시해 주는 데 있다. 지혜는 최후의 절정에서 결정적인 말을 한다. 지혜와 악은 절대 공존할 수 없다.

14절 | 내게는 계략과 참 지식이 있으며 나는 명철이라 내게 능력이 있으므로

본 절에서부터 21절 사이에서는 지혜의 본질적 실체와 그것을 소유한 자의 유익에 대해 언급한다. '계략'이란 말은 본래 '조언', '충고'란 뜻이다. 그러나 여기서는 다른 사람을 향해 충고나 조언을 할 수 있는 지적 · 도덕적 능력을 가리키는 말로 사용되었다. 또 '참 지식'이란 말은 2장 7절의 '완전한 지혜'와 같은 말로 본질적으로 선한 것 또는 삶에 실제적인 유익을 가져다주는 지혜를 가리킨다.

본 절은 지혜가 사람을 악한 길로 인도하고 파멸로 이끄는 사람의 헛된 모략과는 달리 사람에게 유익을 주는 좋은 능력이며, 사람의 삶과 영혼을 더욱 순결하게 해주는 본질적으로 선하고 완전한 것임을 보여준다(사 28:29; 미 6:9).

'계략'은 '모략' 혹은 '지략'이라고 볼 수 있으며(잠 1:25, 30), 이 단어는 일반적으로 모사들이 정치적이고 군사적인 조언을 왕에게 줄 때 사용된다(삼하 17:7; 왕상 1:12; 잠 20:18). '모략'이란 주어진 상황에서 적절한 시간에 적절한 수단을 찾아 대응할 능력이다.

'참 지식'은 '통찰력'이라고 볼 수 있으며(잠 2:7), 잠언에서 이 단어는 지적인 능력보다는 실천적 능력을 말한다. 즉 이것은 다양하고 복합적인 상황을 잘 조정하고 통합하여 최고로 바람직한 결과를 만들어 내는 능력이다. 지혜는 '모략'과 '통찰력'이 자신에게 있다고 말함으로써 자신이 이런 능력을 나누어 줄 수 있음을 주장하고 있다.

후반절의 첫 구는 '나는 명철이다'로 시작하고 있다(잠 1:2, 8:12), 즉 지혜는 자신이 누구인지 다시 천명하며, 자신의 본질과 속성을 분명히 한다. 또한 '능력이 내게 있다'고 말함으로 자신의 본성과 속성이 구체적인 능력으로 표현됨을 증거한다. 여기에서 능력은 통치자의 정치력과 군사력을 말한다(잠 21:22; 왕하 18:20; 사 11:2, 36:5; 미 3:8).

15절 **나로 말미암아 왕들이 치리하며 방백들이[1] 공의를 세우며**

1. '방백들'(רוֹזְנִים : 로제님) : '무겁다'라는 의미의 동사 '라잔(רָזַן)'의 남성 복수형으로 '힘 있는 자들'이라는 뜻이다. '통치자들'이나 '주권자들'을 의미하며, 왕과 병행하여 자주 사용되었다. 이들은 왕을 보좌하여 백성들을 치리하는 고위 관리들을 의미한다.

지혜는 모든 일의 옳고 그름을 판단할 기준을 제시한다. 지혜를 소유하는 것은 통치자에게 있어서 절대 필요불가결한 것으로 가장 기본적인 요건이라 할 수 있다. 솔로몬이 하나님께 그 무엇보다 지혜를 구한 것도 바로 이러한 이유 때문이었다(왕상 3:9).

'왕들'과 '방백들'은 자주 평행을 이루며 나타난다(삿 5:3; 시 2:2; 잠 14:28, 31:4; 합 1:10). '방백들'은 가끔 '왕족들', '통치자들', '군주들' 등으로 제시된다. 이 단어는 동사형에서 기본적으로 '중요하다, 현명하다, 명령하다'는 뜻이며, 명사형에서는 '왕자, 통치자'라는 뜻이므로, 대구를 이루는 왕보다 결코 낮은 반열에 속한 자라고 볼 수 없다. 또한 왕에 대한 다른 칭호로 존귀한 통치자라는 의미도 있다. 지혜는 통치자들로 하여금 나라를 다스리고, 올바른 법을 세우며 시행하게 하는 것이다(욥 19:23; 사 10:1, 30:8).

16절 | 나로 말미암아 재상과 존귀한 자
곧 모든 의로운 재판관들이 다스리느니라

15-16절은 '나로 말미암아'로 연결되어 4행을 이루어 준다. 앞 3절에서 지혜의 속성이 제시되었으며, 구체적으로 국가와 세계의 경영에서 어떤 일을 할 수 있는지 말하고 있다. 지혜는 '왕들'과 '방백들'(15절), 그리고 '재상'과 '존귀한 자들'과 '재판관들'에게 사회의 질서와 안정을 유지할 수 있는 건전한 판단력과 능력을 제공할 수 있다. 이리하여 모든 관리들이 자신의 직무를 효과적으로 수행할 수 있도록 도움을 준다.

16절에서는 15절에 있는 왕들과 통치자들을 보좌하는 모든 관리들이 지혜를 통해 나라를 구체적으로 운영하는 모습이 제시된다. '재상'은 두령 또는 지배자라는 뜻으로, 본 절은 15절과 거의 유사한 의미를 가지고 있다.

다만 15절이 통치자의 행정권적인 측면을 강조했다면 본 절은 사법권적 측면을 강조한다. '재판관들'은 온갖 종류의 관리들과 법조인들을 말한다. 이들은 모두 왕의 관리들로 사회질서, 사회봉사, 세금 징수의 일들을 한다. 재판은 고대 근동 지역의 통치자들에게 있어서 가장 중요한 임무 중의 하나라고 할 수 있으며, 송사를 올바르게 판단하지 못하는 통치자는 백성들의 신임을 얻지 못했다. 그러므로 본 절은 모든 사람들이 지혜를 얻어야 하겠지만 특히 백성을 다스리는 통치자들은 더욱 힘써 지혜를 얻어야 할 것을 말하고 있다.

15-16절은 이 세상의 모든 왕들과 방백들이 지혜롭게 다스리며 의로운 법을 만든다고 말하고 있지는 않다. 그러나 지혜가 통치의 원리가 되면 이들이 모두 올바르고 효과적인 통치를 할 수 있다는 점을 선언한다. 여기에서 놀라운 것은 모든 나라들의 통치자들이 지혜를 소유할 수 있다고 말하고 있다는 것이다.

후대 외경[9]을 이루는 벤시락[10] 24장과 바룩[11] 3장에는 지혜가 이방인들 가운데 살 수 없으며 오직 이스라엘에만 거하게 되었다는 주장을 하는데, 잠언 8장에서 지혜는 이런 제한을 철폐한다. 모든 올바른 통치의 원리는 지혜에게 속하며, 지혜는 실천적인 정치력을 제공한다.

17절 | **나를 사랑하는 자들이 나의 사랑을 입으며**
나를 간절히 찾는 자가 나를 만날 것이니라

9절에서 언급했던 사실, 곧 지혜의 가치는 모든 사람이 알고 있지만 그것은 결코 아무나 얻을 수 있지 않다는 사실을 다시 한 번 확인시켜 주는 교훈이다. 본 절은 지혜가 하나님의 말씀에 대한 열정이 없는 자

---

9) 성경의 정경(正經)을 결정할 때에 함께 수집되었으나 정경으로 인정되지 않은 약 15권의 책 또는 제문서(諸文書)를 말한다. _편집자 주

10) Ben Sirach. 외경 중 하나로, 집회서(Ecclesiasticus)를 말한다. _편집자 주

11) Baruch. 외경 중 하나 _편집자 주

에게는 주어지지 않고, 오직 말씀에 갈급하고 그것을 얻기 위해 하나님의 말씀을 주야로 묵상하며 간구하는 자에게 주어진다는 사실을 말하고 있다. 이는 구하고 찾는 자가 영광을 얻게 될 것이라는 예수의 말씀과 일치되는 교훈이다(마 7:7-8).

지혜는 사랑의 언어로 말한다. '나를 사랑하는 자들(잠 1:22)을 나는 사랑한다(잠 4:5-7)'는 것은 사랑의 상호성과 친밀성을 말한다. 지혜와 지혜를 찾는 자 사이에는 단절감과 소외감이 없고, 세월이 갈수록 서로를 더욱 깊이 이해하고 사랑하는 자리로 나아갈 것이다. 후반절에서 '나를 간절히 찾는다'는 말 역시 사랑의 언어이다(잠 1:28, 8:36). 지혜는 모든 사람들에게 열려 있지만(15-16절), 마음을 다하여 그(지혜)를 찾는 자들만이 만날 것이다.

18절 **부귀가 내게 있고 장구한[1] 재물과 공의[2]도 그러하니라**

1. '장구한'이란 단어는 구약성서에서 단 한 번 나오며, 이사야 23장 18절에서는 약간 다른 형태가 또 한 번만 나온다. 성경의 다른 번역은 '풍성한 재물'로 보며, 또는 '오래된'이란 뜻을 가지며, 또 다른 번역에서는 '끝없는', '훌륭한', '넘치는', '탁월한', '견고한', '유서 깊은', '존엄한' 등으로 제시된다. 따라서 지혜가 주는 재물은 시간에 제한 받지 않으며, 세월이 흘러도 변치 않는 '값지고 변하지 않는 재물'로 이해될 수 있다.
2. '의'는 재물과 연관되어 나타나기 때문에 추상적인 개념으로서의 '옳음'보다 '번영'으로 보아야 한다(잠 21:21). 이것은 원인과 결과의 관계로서 의가 번영을 가져옴을 제시해 주는 환유로 볼 수 있다(시편 65편 5절에서

는 '의'가 '구원'을 뜻한다). 사람들이 재물을 추구하면 부패해지지만 지혜를 추구하면 재물을 얻게 된다.

세상 사람들은 불의한 방법으로 재물을 모으나(딤전 6:17) 그것은 헛되어 곧 사라져 버릴 안개와 같다(약 4:14). 그러나 지혜 있는 자는 자신의 지혜를 통해 정당한 방법으로 재물을 얻기 때문에 그의 재물은 장구히 보존될 것이다(잠 3:16). 본 절은 지혜가 가져다주는 실제적 유익을 말하고 있다.

성경에서 재물과 의는 서로 상반된 성격을 지닌 것으로 나타난다. 세상 재물이 사람의 마음을 사로잡아 의의 추구를 방해하기 때문이다. 그럼에도 불구하고 본 절에서 재물과 의가 함께 언급되는 것은 지혜를 통해 정당한 방법으로 획득된 지혜자의 재물은 하나님의 선한 일에 사용되어 하나님의 의를 이루기 때문이다. 이 밖에 재물과 의가 함께 언급된 다른 이유는 모든 물질적 축복은 '의'와 함께 주어질 때 참 가치와 의의가 있음을 나타내기 위함이다.

'부귀와 영화'(잠 3:16, 10:4)는 합성어로서 '존경을 받는 부'라고 말할 수 있다. 즉 단지 재산이 많은 것보다 사회적인 인정과 명예를 함께 누릴 부를 의미한다(잠 15:16). 솔로몬도 지혜를 구했을 때 부와 명예를 겸하여 얻었다(왕상 3:13). 모든 부가 명예를 가져오지 않지만 지혜가 주는 부는 명예를 함께 준다(시 49:17-18; 사 66:11-12).

19절 | 내 열매는 금이나 정금보다 나으며
내 소득은 순은보다 나으니라

전반적으로 3장 14절과 동일한 의미의 반복된 교훈으로 지혜의 탁월한 가치, 곧 지혜를 얻음으로 말미암아 생활에서 누릴 수 있는 풍요와 번영을 상징적으로 표현한 것이다. 그런데 이와 같이 저자가 지혜의 가치를 계속 반복해서 나타내는 이유는 하나님이 주시는 지혜가 사람에게 영원한 생명과 풍요함을 가져다줄 뿐만 아니라 사람이 그것을 통해 얻을 수 있는 축복은 이루 말할 수 없다는 사실을 강조하기 위한 의도에서 비롯되었다고 할 수 있다.

농사 은유인 '내 열매'는 지혜를 통해 얻을 유익을 말한다. 모든 씨앗이 자라서 열매 맺는 데까지 내재적인 생명의 연관성이 있는 것처럼, 지혜를 내면화하고 살아갈 때 큰 유익을 얻을 것이다. '금'은 금 가운데 최고의 금인 '순금'이다. 지혜는 부 자체는 아니지만 부를 얻을 수 있는 능력이므로 부보다 낫다.

20절 | 나는 정의로운 길로 행하며
공의로운 길 가운데로 다니나니

지혜의 완전성을 부각시키는 비유적 표현으로, 하나님이 주시는 지혜를 소유한 자는 의로운 규범에 따라 행동하며, 좌로나 우로나 치우치지 않는 삶을 살게 된다는 의미가 내포되어 있다.

그동안 지혜의 스승인 아버지는 아들에게 '악인들과 함께 걷지 말고'(잠 1:15), '바른 길을 따라 행하라'고 계속 말해 왔다. 지혜는 자신이 걷고 있는 '의로운 길'(잠 1:18)과 '공평한 길'에 대하여 말한다(잠 1:15). 그리고 그의 아들에게 정의와 공평을 따라 살도록 요청한다. '길 가운데로 다닌다'는 것은 모든 길이 항상 정의와 공평함을 말한다. 즉 지혜가 가고 있는 정의와 공평의 길은 그의 삶의 방식이며, 습관적이고, 지속적이다.

21절 | **이는 나를 사랑하는 자가 재물을 얻어서[1]**
그 곳간에 채우게 하려 함이니라

1. '얻다'(נָחַל : 나할) : 소유로 얻거나 상속하는 것을 뜻한다. 이 단어는 영속이라는 개념을 내포하며, 영구한 소유의 일부이자 상속의 결과인 재산을 주거나 받는 것을 나타낸다.

20절에서 지혜가 '의로운 길'과 '공평한 길'을 따라서 걷는 목적이 본 절에서 제시된다. 지혜는 자신을 '사랑하는 자'를 위해 선물, 즉 '재물'을 주는데 그것이 바로 '기업'이다. 즉 지혜는 그의 아들에게 재물을 상속받게 하며, 완전한 소유권을 갖게 한다(잠 13:22).

'재물'이란 말은 참되고 가치 있는 재산이란 뜻으로, 단순히 세속적인 의미에서 값비싼 재산을 의미하지 않는다. 신앙적 기준에서 볼 때 가치 있는 재물은 곧 천국 보화를 가리킨다. 따라서 본 절은 하나님을 경외함으로 지혜를 얻은 사람은 눈에 보이는 물질적인 재산뿐만 아니라 눈에 보이지 않는 영원한 하나님 나라의 보화도 함께 받게 될 것을 말하고 있다. 즉 21절은 지혜를 얻음으로 누릴 축복의 상태를 부각시키는 매우 극적인 표현이라 할 수 있다.

후반절의 '곳간'은 '곡식을 쌓는 곳'(느 12:44; 대하 8:15; 잠 21:6)이기도 하지만, 여기에서는 '보물 창고(금고)'로 이해하는 것이 더 적절하다(렘 15:13, 17:3; 왕상 14:26, 7:51 등). 지혜는 그의 제자들에게 온갖 금은보석과 값진 양식과 향유와 세상 사람들이 사모하는 모든 것들로 가득 채워 주고자 한다(잠 1:13, 6:30).

한 번 더 생각하기

지혜는 비인격적인 것으로 소개되지 않고, 오히려 인격적 주체로 자신을 소개한다. 여기서 인격적으로 등장한 지혜는 하나님 자신이 그 속성을 드러내 소개하는 것으로 이해될 수 있다. 지혜는 인격적으로 다가온다. 그러므로 지혜를 얻는다는 것은 지식과 근신, 명철과 분별력과 같은 특성을 얻는 것 그 이상이며, 하나님을 인격적으로 만나는 것을 의미한다. 그 인격적 주체인 지혜는 명철, 지식, 근신과 가까이 하지만 교만, 거만, 악한 행실, 패역한 입은 미워한다고 스스로를 소개하고 있는 것이다.

하나님께서 왜 자신을 스스로 지혜라고 소개할 수밖에 없었을까? 그것은 인생으로는 하나님을 알 수 있는 방법이 없기 때문이다. 인생은 세상 가운데서 온전한 명철과 지식, 근신을 가지고 있지 못한다. 죄에 오염된 인생은 그 능력이 현저히 떨어져 아주 미미한 정도의 명철과 지식, 근신을 발견할 수 있을 뿐이다. 그러므로 인생이 가진 능력으로는 하나님의 지혜에 이를 수 있는 길이 없다. 참 지혜 되신 하나님께서 자신을 스스로 나타내 보이셔서 소개해 주어야 하는 것이다.

지혜는 악과 그에 속한 것들을 미워한다. 지혜는 선에 속하였으므로 그에게서 기대되는 것은 공의와 의다. 지혜자는 지혜의 이러한 속성을 잘 깨달은 자가 좋은 지도자가 될 수 있다고 한다. 지도자의 자리에는 좋은 지도자가 앉을 수도 있고, 나쁜 지도자가 앉을 수도 있다. 그 자리에 누가 앉느냐에 따라 결과는 전혀 달라진다. 좋은 지도자는 자신을 따르는 많은 사람들에게 유익을 주지만, 나쁜 지도자는 많은 사람의 유익을 자신이 가지려고 하기 때문이다. 그러므로 하나님이 원하시는 선한 나라를 세워가기 위해서는 지혜를 따라 공의와 의를 행하여 하나님이 원하시는 세상을 만들어야 한다.

지혜를 따라 하나님의 나라를 이룬 대표적인 인물이 바로 솔로몬이다. 아버지 다윗으로부터 왕권을 물려받은 솔로몬은 이런 큰 나라를 다스리기엔 스스로가 준비되지 못했다는 것과 자신은 아버지와 같이 큰 일을 해낼 인물이 아니라는 사실을 깨달았다. 하나님께서 자신을 부르신 그 소명에 따라 최선을 다하고자 한 솔로몬은 왕이 되어서 가장 먼저 하나님 앞에 일천 번제를 드렸다. 일천 번제를 드리자 하나님께서 솔로몬의 꿈으로 찾아오셨고, 솔로몬은 이스라엘 왕국의 백성들을 재판할 때 필요한 선악을 분별하는 지혜를 구했다. 그가 간구한 것은 하나님의 마음에 합한 것이었다. 솔로몬은 하나님이 주신 지혜로 백성들을 재판하여 지혜의 왕으로 칭송받으며 그 나라를 다스릴 수 있었다.

반면 하나님의 지혜가 떠나면 하나님의 나라를 바로 세울 수 없다. 사울 왕은 처음에 왕이 될 때 하나님의 특별한 부르심을 받고 왕이 되었으나, 다윗이 골리앗을 죽이고 이스라엘을 구원하여 영웅이 되자 변질되기 시작했다. 하나님의 지혜를 따라 의와 공의로 다스리지 않고, 개인의 문제와 그에 따른 감정에 따라 나라의 일을 돌본 것이다. 나라를 돌보는 사람이 해야 할 일이 뭘까? 국고를 잘 살피고 나라의 방비를 튼튼히 하여 밖으로 외적의 침입을 막고 안으로는 백성들이 다 잘 살 수 있도록 하는 것이 기본 중에 기본이다. 그런데 사울은 다윗에 대한 불쾌함과 분노로 인해 국방의 의무를 성실히 수행하는 병사들을 나라의 방어를 위한 일 외로 사용했다. 바로 자기의 시기심과 질투의 대상인 다윗을 죽이기 위해 병사를 멋대로 사용한 것이다. 하나님의 지혜가 떠나면 이렇게 사울 왕처럼 잘못된 판단을 하게 되는 것이다.

본문에는 지혜가 다스리는 지혜의 왕국에 사는 지혜로운 사람이 누리는 또 다른 복이 제시된다. 바로 지혜를 사랑하고 찾을 때 지혜가 그 찾는 자를 사랑하고 가까이 하여 만나주는 은혜다. 지혜자는, 지혜를 사랑하는 자는 재물을 얻어 그 곳간을 채우게 된다고 말한다. 지혜를 따르며 얻는 부는 하나님의 지혜로 말미암은 복이기 때문에 안전하다.

하나님께서 주신 지혜의 길이 아닌 인생의 향락과 쾌락을 따라가면 그 재물은 안전한 재물이 될 수 없다. 쉽게 버는 것뿐만 아니라 인간의 욕심을 따라 부정직하게 모은 재물 역시 안전하지 못하다. 부정직하게 혹은 부당하게 남의 것을 빼앗으면 자기 재물도 언제 남들이 빼앗아

갈지 모르기 때문에 불안과 염려가 떠나지 않는다. 결국 하나님을 떠난 세상은 불법과 불의가 횡행하기 때문에 불법과 불의 속에서 자신의 것을 지키기 위해 불안과 염려를 매고 살 수 밖에 없다. 지혜로 충만한 곳, 그 지혜의 역사로 말미암아 하나님의 공의와 정의가 충만한 곳에서는 이런 불안과 염려의 역사를 찾아 볼 수 없다. 하나님의 지혜로 재물을 얻었으니 어디 숨기거나 감출 필요가 없으며 세상에 드러내 놓아도 떳떳한 것이다. 하나님의 지혜가 우리에게 절실히 필요한 이유가 여기에 있다.

잠 8:22-31

◇

하나님 곁의 지혜

여호와께서 그 조화의 시작 곧 태초에 일하시기 전에 나를 가지셨으며 만세 전부터, 태초부터, 땅이 생기기 전부터 내가 세움을 받았나니 아직 바다가 생기지 아니하였고 큰 샘들이 있기 전에 내가 이미 났으며 산이 세워지기 전에, 언덕이 생기기 전에 내가 이미 났으니 하나님이 아직 땅도, 들도, 세상 진토의 근원도 짓지 아니하셨을 때에라 그가 하늘을 지으시며 궁창을 해면에 두르실 때에 내가 거기 있었고 그가 위로 구름 하늘을 견고하게 하시며 바다의 샘들을 힘 있게 하시며 바다의 한계를 정하여 물이 명령을 거스르지 못하게 하시며 또 땅의 기초를 정하실 때에 내가 그 곁에 있어서 창조자가 되어 날마다 그의 기뻐하신 바가 되었으며 항상 그 앞에서 즐거워하였으며 사람이 거처할 땅에서 즐거워하며 인자들을 기뻐하였느니라

본 절에서부터 31절까지는 지혜의 출처와 기원 및 능동적 작용, 창조 사역 때의 역할, 하나님과의 관계 등을 설명한다. '지혜'가 가리키는 바에 대한 학자들의 견해는 단순히 하나님이 주신 지혜의 속성을 의인화시킨 것이라는 견해와 성삼위 하나님 가운데 제2위 하나님이신 그

리스도를 의미한다는 견해로 양분되는데, 전체 내용에 비추어 볼 때 후자의 견해가 보다 합당하다.

22절 | 여호와께서 그 조화의 시작
곧 태초에 일하시기 전에 나를 가지셨으며

'조화의 시작'이란 하나님의 창조사역 개시를 나타내며, 따라서 지혜와 동일시된 그리스도께서 하나님의 창조사역 이전에도 존재하셨으며 성부 하나님과 동일한 능력으로 사역을 진행하셨음을 나타낸다. 또 '가지다'라는 단어는 '바로 세우다'라는 뜻으로, 이는 성부 하나님께서 성자 그리스도를 창조사역의 동역자로 세우셨다는 말이다(23절).

본 절은 그리스도께서 창조의 주체자가 되심을 보여준다. 실로 그리스도께서는 모든 창조물보다 먼저 나신 자요, 영원부터 존재하신 자인 것이다(골 1:15).

이 절은 지혜의 출현 시기를 '조화의 시작'과 '태초'로 제시한다. 그 조화의 시작이라는 구에서 조화는 기본적으로 길을 가리키며, 여기에서는 행동이란 뜻으로 하나님의 행동을 가리키는 데 사용했다(신 32:4; 겔 18:25, 29; 호 14:10; 욥 26:14, 40:19; 잠 8:22).

'조화의 시작'에서 '시작'은 최고 혹은 가장 중요한 것(암 6:1; 렘 49:35), 혹은 시간적으로 첫째, 장자(창 49:3; 시 105:36), 첫 단계(미 1:13; 잠 4:7; 욥 8:7, 42:12), 주요 원리(잠 1:7, 4:7; 렘 49:35)를 뜻할 수 있다. 이

어지는 23절에서 '영원 전'과 '땅이 생기기 전'이라는 시간성이 나타내기 때문에 이 절에서도 시간을 가리키는 '시작'으로 보는 것이 가장 적절하다.

첫 행의 시간을 알리는 부사 '시작'과 대구를 이루는 중반절의 '오래 전'은 시편 93편 2절에서 하나님의 보좌가 '오래 전', 즉 '영원 전'에 세워졌음을 말할 때 사용된다. 즉 이 '조화의 시작'이라는 구는 하나님께서 창조 활동을 시작하실 때를 가리킨다.

23절 **만세 전부터[1], 태초부터, 땅이 생기기 전부터**
내가 세움을 받았나니

1. 만세 전부터'(מֵעוֹלָם : 메올람) : '영원', '고대', '옛날'을 뜻하는 명사 '올람(עוֹלָם)'의 남성단수에 전치사 '민(מִן)'이 결합된 형태로, 여기에서 '올람(עוֹלָם)'은 미래적인 개념이 아니라 무한한 과거, 곧 영원 전을 의미한다.

본 절은 지혜가 등장한 시점을 세 번 반복하며 보강하여 제시하고 있다.

'만세 전부터'는 무한한 태초(요 1:1 주석 참조), 곧 시간적 의미를 초월한 태초를, '상고부터'는 세상이 창조되기 직전을, '땅이 생기기 전부터'는 창조사역이 개시되었으나 아직은 땅이 완전히 조성되기 이전을 말한다. 따라서 본 절은 그리스도의 선재성을 강조하기 위한 열거법적 표현이다. 한편 '세움을 입었다'는 말은 그리스도께서 만물의 창조주와 통치자로 임명되었다는 말이다.

'만세 전부터'는 직역하자면 '영원 전부터'이지만, 본문은 '지혜의 영원성'이 아니라 지혜의 출생 시점을 말하기 때문에 이 구를 번역하는 것이 쉽지 않다. 이 구는 역사 속에서의 시간으로서 '고대', '옛적부터'(렘 2:20), '옛날부터'(렘 28:8) 등으로 사용되므로 아직 시간을 정할 수 없는 영원 전을 가리킨다고 보기 어렵다. 그렇지만 '영원'은 '가장 먼 과거와 미래'를 가리키므로, 여기에서는 '가장 먼 과거'로 볼 수 있다.

'태초부터'는 '아득한 그 옛날' 등으로 번역되고 있으며, 직역하자면 '머리로부터'이지만 시간을 가리킬 때에는 '시작부터'라는 뜻으로 사용된다(사 40:21, 41:4, 26, 48:16).

'땅이 생기기 전부터'는 이 절에서 측정 가능한 시간의 실마리를 제공한다. 대부분의 번역들은 개역성경과 같은 뜻으로 번역하지만, 이 구도 '이전부터, 오래전부터'(사 45:21, 46:10)와 '영원 전부터'(시 74:12, 77:6, 12, 143:5)라는 뜻을 동시에 가지므로 '땅이 생기던 가장 오랜 시간 전에'from the earliest times of the earth로 볼 수도 있다.

정리하자면, 23절에서 지혜의 출현이 시간 밖에 있었는지, 시간 안에 있었는지 결정하는 것은 매우 어렵다. 하나님과 견줄 정도로 영원 전부터 존재했다고 말하기 어렵고, 역사 속의 시간부터 존재했다고 말할 수도 없다. 즉 지혜는 이 두 시간대 사이에 등장하는 것이다.

이 절에서 지혜 출현의 시간을 알리는 세 개의 시간 부사는 '내가 세움을 받았다'에 연결된다. 그러나 이 동사의 번역과 해석도 쉽지 않다. 이 동사는 우리말 성경에서는 '세움을 받았다'와 '모습을 갖추었다'로 번역이 갈라지며, 영역에서도 '세움 받다'와 '지음 받다'로 제시된다. 그 뜻은 크게 두 가지로 볼 수 있다.

① (술, 물)을 붓다

② (자리에) 세우다, 앉히다

첫 번째 뜻은 현재의 문맥에 어울리지 않으며, 두 번째 뜻으로 본다면, 지혜는 '대관식'의 배경 속에서 기름 부음을 받고, 왕 또는 여왕으로 세움을 받는다는 뜻으로 해석 될 수 있다.

마치 시편 2편 6-7절에서 새로운 왕이 '(기름 부음을 받고) 왕으로 세움을 받으며', '(하나님의 아들로) 태어나는 것'과 같이 지혜가 주님에게서 태어나, 왕 또는 여왕으로 세움 받는 것을 그려 볼 수 있다. 이렇게 본다면 지혜는 이후 하나님의 천지창조에 있어서 능동적으로 활동하는 것이 명시되지는 않지만 암시되어 있는 것이다.

그러나 현재의 본문에서 지혜가 대관식의 배경 가운데 왕으로 책봉받는 것은 다소 비약이 있기 때문에, 이 동사를 '(베, 피륙을) 짜다', '형성하다'라는 동사로 볼 수도 있다. 이 동사는 하나님께서 모태에서 태아의 형질을 만들어 가시는 데 사용되기도 한다(시 139:13b; 욥 10:11). 그렇다면 하나님께서는 지혜를 치밀하게 짜시고 형성하셔서 모습을 갖추도록 했다는 뜻으로 생각해 볼 수도 있다.

24절 | 아직 바다가 생기지 아니하였고
큰 샘들이 있기 전에 내가 이미 났으며

이 절에서는 '…이 존재하지 않았을 때'가 두 번 반복되며, 지혜가 창조 전에 존재하였음을 반복적으로 강조한다. 첫째로 지혜는 바다가 생기기 전에 존재했다. '바다'는 다른 말로 '깊음'이라 말할 수 있다. '태고의 바다'(창 1:2; 욥 38:16; 시 33:7, 104:6; 잠 3:20), '바다의 깊음'(시 71:20, 135:6), 혹은 '바다의 물'(출 15:5, 8; 시 106:9, 107:20) 등을 가리키지만, 여기에서는 '태고의 바다'를 가리키는 것으로 보는 것이 가장 자연스럽다.

현재의 본문을 창세기 1장과 비교해 본다면, 창세기에서 '깊음'(혹은 바다)은 하나님의 창조 과정에 존재하지 않았으며, 빛이 나타나기 전(창 1:3)에 혼돈하고 공허한 상태와 함께 존재한다(창 1:2). 그러나 잠언 8장에서 '깊음'은 주님의 창조 과정으로 나타나며, 지혜가 '깊음' 전에 태어났음을 말한다.

후반절의 '큰 샘들'은 사람들이 마실 수 있는 물을 내는 지하수를 가리킨다. 고대 근동 아시아와 팔레스타인의 메마른 땅에서 '샘'은 생명의 원천이며 온 땅에 생명력을 불어넣어 준다. '큰(물)'은 '물이 가득한(샘)' 혹은 '(샘에서) 물이 솟다'로 번역되는데, 이 동사는 '물이 넘치다, 가득하다'는 뜻으로 이해하는 것이 더 적절하다. 혹은 이 동사를 명사로 본다면, '원천'으로서 '물의 샘들'이 된다(욥 36:16). 성서적 세계관에서 보면, 지하의 물이 바다와 강을 채우는 원천이다(욥 28:11). 그러나 전반절의 '혼돈의 물'과 후반절의 '샘물'은 합성어로서 '모든 물'을 뜻한다고 볼 수 있다.

'내가 이미 났다'에서 '태어나다'는 동사는 '고통 중에 몸부림치다'는 어근에서 나온 것으로, 일반적으로 어머니의 산고를 가리키며(사 13:8, 23:4, 45:10, 51:2), 남자에게는 결코 적용되지 않지만 하나님께는 적용된다(신 32:18; 시 90:2). 이 동사는 '낳다'라는 동사와 함께 하나님께서 땅(시 90:2)과 이스라엘(신 32:18)을 창조하심을 나타내는데 사용됐다. 이 절에서는 양육의 은유로, 30절에서 그 의미가 강화된다.

25절 | 산이 세워지기 전에, 언덕이 생기기 전에 내가 이미 났으니

앞 절에서 '없을 때'가 이제는 '…전에'로 넘어가면서 지혜의 출현이 피조 세계가 존재하기 전이었음을 강조한다. 또한 앞 절에서 '깊음'이 나왔는데, 여기에서는 '산들'과 '언덕들'과 같은 '높은 곳'이 대비를 이루며 나타난다.

전반절에서 '(산이) 세움을 입다'라는 동사는 '발이 진흙에 빠지다'(렘 38:22), '기초가 서다'(욥 38:6)와 같이 산의 뿌리가 바다 속에 심겨지는 모습을 그리게 한다. 요나서에서 요나가 '내가 산의 뿌리까지 내려갔었다'고 말하는 것 같이(욘 2:6), 히브리인들의 세계관으로 보자면 산의 기초는 바다 위에 세워져 있었다. 즉 산들은 땅의 형성 과정에 있어서 가장 오래된 것이다(시 90:1-2).

후반절의 '언덕들'은 '산'과 함께 자주 대구를 이루어 주며, '높음'을 더욱 부각시켜 준다(신 12:2, 33:15; 시 72:3, 114:4, 6, 148:9; 아 2:8; 4:6 등).

즉 25절에서는 산의 뿌리가 깊은 곳에 자리를 잡고 세워지는 모습과 온 세상을 내려다보는 높은 언덕들이 대비를 이룬다. 지혜는 바로 이와 같은 주님의 창조 사역이 이루어지기 전에 이미 태어났다.

26절 | 하나님이 아직 땅도, 들도, 세상 진토의 근원도 짓지 아니하셨을 때에라

계속 하나님의 지혜, 곧 그리스도의 선재성先在性, the preexistence of christ을 반복적으로 강조한다. 아직 바다가 생기지 아니한 때란 흑암이 깊음 뒤에 있고 물들이 지반을 덮었던 때(창 1:2)를 지칭한다.

'내가 이미 났다'는 말은 문자적으로 '그가 나를 낳으셨다'는 말이다. 그러나 이는 성부 하나님께서 실제로 그리스도를 낳았다거나 만드셨다는 말이 아니다. 그리스도께서 성부 하나님으로부터 영원부터 발생하셨음을 의미하는 시적 표현이다(시 2:7). 또 '세상 진토의 근원'이란 문자적으로 '세상 흙의 머리'라는 뜻으로 경작이 가능한 흙을 지칭하는 말이다.

'…전에'가 문장을 열어 주면서, 이제는 사람이 거주하고 활동하는 '땅', '들', '세계'가 나타난다. '땅'은 주로 '하늘'(27절 전반부)과 '바다'(27절 후반부)와 대비를 이루는 공간이며, '경작지'와 '경작할 수 없는 땅'을 모두 포함한다.

'땅'과 '들'은 자주 평행을 이루며 나타나지만(삼하 22:43; 욥 5:10, 18:17; 사 24:11, 51:23; 렘 7:34, 44:9, 21, 51:4; 애 2:21; 겔 26:11), 오직 여기

에서만 접속사로 이어져 나타난다. '들'로 번역된 단어는 '길거리'(잠 1:20; 삼하 1:20; 미 7:10; 사 10:6; 왕상 20:34)를 가리킬 때 사용되지만 기본적으로 '외부' 혹은 '바깥'을 뜻하며, 여기에서는 양들이 풀을 뜯는(시 144:13) 도시 밖(욥 5:10)의 '넓은 벌판'을 가리킨다.

후반절의 '세상 진토의 근원'은 매우 특이한 구이며, '세상'은 사람들이 거주하는 경작지를 가리킨다. '진토의 근원'에서 '근원'으로 번역된 단어는 어떤 '물질적 원료'라기보다 '첫 흙덩이'로 보아야 한다(대상 16:7; 사 40:21). 즉 '세상의 첫 흙덩이'가 가장 잘 어울리는 번역이다.

27절 | **그가 하늘을 지으시며 궁창[1]을 해면에 두르실 때에 내가 거기 있었고**

1. '궁창' : 문자적으로 '활', '원'이란 뜻으로 하늘과 땅의 경계를 가리킨다(사 40:22).

지금까지 지혜의 선재성이 강조되었던 것(22-26절)과는 달리 이제 본 절에서부터 31절까지는 지혜가 창조의 근원이 된다는 사실과 그의 초월적 속성을 강조한다.

이제 앞에서 소개된 지혜의 탄생으로부터 우주 창조와 세계 질서에서의 지혜의 역할이 제시된다. 또한 앞의 부정적인 상황 설정에서 긍정적인 활동으로 넘어가며, 지혜는 더 이상 '출생의 과정'을 거쳐 가는 수동적인 대상이 아니라 온 세상의 질서를 현재의 형태로 이루어 가는 능동적인 주체로 표현된다.

27절은 '주께서 하늘을 고정하다'는 문장으로 시작한다. '하늘'은 앞 절에 나온 '땅'과 대립되는 실체이다. '고정하다'는 '세우다'는 뜻으로 '창조하다'의 동의어이며, '하늘을 세우다'는 '하늘을 창조하다'는 뜻으로 빈번하게 나타난다(시 89:2, 103:19; 잠 3:19).

전반절의 '하늘을 세우다'와 대구를 이루는 후반절의 '궁창으로 해변에 두르실 때'라는 구는 번역이 매우 까다롭다. 먼저 '궁창'으로 번역된 단어는 기본적으로 '원'圓 혹은 '환'環을 가리키며, '해면'과 함께 나타날 때에는 '수평선'을 가리킨다(욥 22:14, 26:10; 사 40:22). 따라서 '바다의 수평선을 그을 때'로 해석해 볼 수 있지만 이 표현은 29절에도 나타나기 때문에, 태고의 물을 정복하면서 첫 '하늘'과 '물의 경계'를 만드는 '궁창의 수평선'으로 보는 것이 더 적절하다. '내가 거기에 있었다'는 지혜가 하나님의 창조활동을 보면서 묵상하고 기뻐할 수 있는 기회를 가졌다, 혹은 증인의 자격으로 있었음을 뜻한다.

28절 | 그가 위로 구름 하늘을 견고하게 하시며
바다의 샘들을 힘 있게 하시며

하나님께서 구름, 즉 대기를 통해 수증기를 공중에 떠 있게 하셨다는 것과 바다를 만드셨다는 것을 상기시키는 표현이다. 한편 '바다의 샘들'이란 말을 직역하면 '깊음의 샘들'이란 뜻인데, 이는 큰 바다, 곧 대양을 가리킨다.

27절의 '하늘'과 '바다'의 경계에서 하늘에 떠 있는 '구름'과 바다 아래에 있는 '지하수'로 넘어간다. 즉 앞 절에서는 세계의 구조를 말했다면, 여기에서는 그 구조 속의 핵심적인 물질을 말한다.

'구름'의 어근은 '문지르다', '가루로 만들다'는 뜻이며, '가는 먼지'(사 40:15)나 구름을 가리킬 때 사용된다. 여기에서 '구름'은 천사들(시 89:7)을 가리키는 것이 아니라 기상학적인 용어로서 비구름을 뜻한다(잠 3:20; 신 33:26; 시 18:12, 77:17 등).

'견고히 하다'는 '강화하다', '확고히 하다'(대하 24:13)라는 뜻으로, 구름이 공중에 떠 있을 수 있도록 했다는 뜻으로 이해할 수 있다. 즉 구름도 하나님의 능력을 두드러지게 나타내는 것이다. '바다의 샘들'(24, 27절)은 지하수를 가리키며, 깊은 바다에서 끝없이 쏟아져 나와 모든 사람들의 식수의 근원이 된다.

29절 **바다의 한계[1]를 정하여 물이 명령을 거스르지 못하게 하시며 또 땅의 기초를 정하실 때에**

1. '한계'(חֹק : 호크) : '규칙'이나 '규정'을 의미하며, '정하다'에 해당하는 히브리어 '숨(שׂוּם)' 이라는 동사는 특별한 목적을 위해 따로 구별해 두는 것을 의미한다. 하나님께서는 택한 백성 이스라엘에게 법도를 정하시고 자손들에게 알리게 하셨다.

'한계'라는 말은 문자적으로 '경계', '울타리'를 뜻한다(욥 28:26; 렘 5:22). 본 절은 하나님께서 땅과 바다를 만드실 때 그 경계를 명확히 구분하셔서 물이 땅에 넘쳐흐르는 것을 막으셨다는 사실을 말하고 있다

(욥 38:8).

하나님의 지혜는 드디어 사람들이 살고 있는 동네로 넘어왔다. 이곳은 바다와 구별된 장소이다. '바다의 한계를 정하다'는 마치 '바다에 법을 주었다'는 뜻으로, 하나님이 난폭한 바다의 물결이 땅을 덮치지 못하도록 경계를 세우셨음을 말한다(시 104:9; 욥 38:8, 10).

'명령을 거스르지 못하게 하시며'는 바다도 주님의 명령에 순종하는 모습을 보여준다(욥 38:8-11). 창조주 하나님께서는 땅과 바다의 경계를 확실하게 세우셨으며, 이 경계가 불변함을 말해 준다. '명령'은 원문에서 '입'을 뜻한다(민 22:18 참조).

'땅의 기초'는 이 '산의 뿌리'를 가리키며, 이 세상에서 가장 낮은 곳을 지시한다(25절; 미 6:2). '그가 정하실 때'는 이 연의 핵심 단어로서, 27절과 29절의 수미일치를 만들어 준다. 즉 해면의 경계를 그을 때로 시작하여, (바다의) 경계와 (땅의 경계를) 세울 때로 이어진다. 다시 말해 주님께서는 이 세상의 경계를 아름답게 세우셨으며, 그때마다 지혜는 증인으로 그 자리에 있었다는 것을 말하고 있다.

30절 | **내가 그 곁에 있어서 창조자가 되어**
날마다 그의 기뻐하신 바가 되었으며
항상 그 앞에서 즐거워하였으며

본 절의 '창조자'는 문자적으로 '공인', '장색'[12], '기술자'를 뜻한다(렘 52:15). 지혜가 하나님의 창조 사역에 있어 전적인 기초가 되었다는 사실을 비유적으로 묘사하는 것이다. 27절의 '내가 거기에 있었다'와 본 절의 '내가 그 곁에 있었다'는 이 단락을 단단히 묶어 주고 있다.

이 절에서 가장 어려운 문제는 '창조자'로 번역된 단어가 원래 무엇을 뜻하느냐에 있으며, 크게 세 가지의 뜻으로 제시할 수 있다.

첫째, 창조 활동과 연관되어 '창조자', '건축자', '명공' 등으로 번역될 수 있다. 대부분의 고대 역본들과 고대의 문헌과 현대의 학자들은 이 입장을 지지한다. 만약 이런 관점에서 본다면, 지혜는 하나님의 창조에 있어서 능동적인 역할을 했다는 결론을 내릴 수 있다.

둘째, '돌보다', '양육하다'라는 동사에서 나온 명사형으로 보고, '유아'로 해석할 수 있다. 상당히 많은 학자들과 여러 번역본들이 이 입장을 지지한다. 이 해석은 22절의 '나를 낳았다'와 24절에 있는 '내가 이미 났었다'와 어울리며, 본 절에서 '날마다 하나님 앞에서 기뻐하였다'에도 잘 연결된다.

셋째, 이 단어는 '신실한, 성실한'이란 단어의 부정사 절대형으로 볼 수 있고, 고대의 역본과 현대의 학자들에게 지지를 받고 있다. 이런 관점에서 다음과 같이 현재의 본문을 새롭게 배열할 수 있다.

나는 성실하게faithfully 그의 곁에서 있었으며,
나는 날마다daily 그의 기뻐하신 바가 되었으며,
항상at all times 그 앞에서 즐거워하였다.

---

12) 손으로 물건을 만드는 일을 업으로 하는 사람 _편집자 주

만약 우리가 이런 관점에서 본다면 지혜를 '명공(창조자)'이나 '유아'로 볼 필요가 없으며, 그가 하나님 가까이에서 만물의 창조를 지켜보며 기뻐하는 모습으로 볼 수 있다.

본 절의 '나는 날마다 그 기뻐하신 바가 되었다'는 원문을 직역하자면 '나는 날마다 기쁨이었다'이며, 누가 누구를 어떻게 기뻐하는지는 분명하지 않다. 히브리어 구문에서 '나는 기도이다(시 109:4)'는 '나는 기도할 뿐이다', '나는 평화이다(시 120:7)'는 '나는 오로지 평화를 추구한다'는 뜻이며, '나는 기쁨이다'는 '내가 기뻐하였다'는 뜻이다. 즉 지혜가 하나님의 창조를 보면서 기뻐하였다는 뜻으로 이해해야 한다.

'그 앞에서 항상 즐거워하였다'는 '(아이들이) 즐겁게 놀다(슥 8:5)'와 '춤추다'는 뜻이 있다(삼상 18:7; 대상 15:29; 삼하 6:5, 21). 욥기 38장 7절에 따르면 천사들이 하나님의 창조를 보면서 함께 노래하며 다 기쁘게 소리하였다고 한다.

천지창조를 마무리하는 시점에서 갑자기 지혜가 천진난만하게 놀고 기뻐하는 모습은 잠언 1-9장에서 갖는 지혜의 권위에 일치하는 것 같지 않지만, 이 즐거움과 기쁨과 웃음을 활력의 상징(삼상 18:7; 렘 30:19, 31:4; 시 104:26)으로 본다면 하나님의 창조에 대한 아주 자연스러운 반응이 될 것이다.

'…앞에서 기뻐한다'는 의식적인 행동으로서, 하나님의 창조 활동을 보고 경배하는 기쁨을 드러내 준다. 사울과 다윗이 블레셋군을 물리치고 돌아올 때 여인의 무리가 춤추고 노래하며 기뻐했다(삼상 18:7). 회복된 이스라엘은 새로운 하나님의 축복을 기뻐하며(렘 30:19) 춤춘 것이다(렘 31:4). 웃음이란 하나님의 은총을 상징해 주기 때문에,

웃는 자는 특별한 위치를 부여받은 자로 볼 수 있다(창 21:9 참조). 지혜가 하나님 앞에서 뛰노는 것은 이와 같은 맥락을 갖고 있는 것이다.

31절 | 사람이 거처할 땅에서 즐거워하며 인자들을 기뻐하였느니라

세상이 하나님의 지혜로 말미암아 창조되었으므로 모든 것이 질서 있고 조화롭고, 완벽하게 만들어졌음을 시사하는 표현이다(창 1:31). 특히 '인자들을 기뻐한다'는 표현은 하나님의 형상대로 지음 받은 사람이 피조물 가운데 하나님이 제일 기뻐하시는 대상이라는 사실을 의미한다.

'그의 땅의 거주지에서 기뻐하였다'는 문장의 의미는 모호하며, '그의 땅'은 '하나님의 땅'으로 본다. 왜냐하면 이 땅은 하나님이 지으셨기 때문이다. 즉 하나님이 지으신 땅 가운데 사람이 거주할 곳을(혹은 곳에서) 기뻐했다는 뜻이다.

'거주지'는 제유법으로 부분을 통해 전체를 말하는 기법이다. 즉 하나님께서 지으신 온 세상 가운데서 특히 사람들이 거주할 곳을 기뻐하였다는 것은 하나님의 창조가 특히 인간들이 살 수 있는 완벽한 공간이 되었음을 말한다.

전반절에서 사람이 살 세상을 기뻐한 지혜는 사람을 기뻐한다. '사람'은 온 인류를 뜻한다. 지혜가 사람을 좋아하고 사람과 함께 놀기를 원하기 때문에, 사람들을 불러서 자신의 소리에 귀 기울이라고 한다. 지혜는 하나님 앞에서 늘 기뻐하고 즐거워하였으며, 사람을 좋아하기 때문에 하나님의 지혜를 그들에게 줄 수 있고, 간절히 주고자 한다.

잠 8:32-36

◇

나를 얻는 자와 잃는 자

아들들아 이제 내게 들으라 내 도를 지키는 자가 복이 있느니라 훈계를 들어
서 지혜를 얻으라 그것을 버리지 말라 누구든지 내게 들으며 날마다 내 문 곁
에서 기다리며 문설주 옆에서 기다리는 자는 복이 있나니 대저 나를 얻는 자
는 생명을 얻고 여호와께 은총을 얻을 것임이니라 그러나 나를 잃는 자는 자
기의 영혼을 해하는 자라 나를 미워하는 자는 사망을 사랑하느니라

32절 | 아들들아 이제 내게 들으라 내 도를 지키는 자가 복이 있느니라

22-31절에서 지혜의 선재성과 그의 창조주 되심을 밝혀 지혜의 신적 실체를 강조한 데 이어, 이제 다시 본 절에서부터는 지혜의 추구와 실행을 촉구한다. '내 도를 지키는 자가 복이 있다'는 말은 지혜가 사람에게 참 생명과 복을 보장해 준다는 뜻이다.

즉 지혜자는 지금 하나님의 지혜는 모든 창조의 원리이기 때문에 이 지혜를 따라 행하는 자는 형통할 것이라는 사실을 부각시키고, 젊

은이들이 지혜를 얻어야 할 당위성을 역설한다.

또한 지혜는 22-31절에서 자신과 하나님의 우정이 하나님과 세상 사이에서 중보 사역을 감당하기에 얼마나 적합하고 가치 있는가를 보여준 후에 본 절에서 권고를 시작한다. '듣는다'는 말은 단순히 'hear'의 의미가 아닌 '순종한다:obey'의 의미이다. 이는 자신의 욕심과 힘으로 하지 않고, 하나님께로부터 나오신 성자의 뜻대로 살아가는 것을 말하는 것이다.

'아들들아'를 부르는 주체는 아버지라기보다 지혜로 보는 것이 더 문맥에 어울린다. 지혜가 자신의 기원에 대해 말한 후 아무런 실제적인 제안을 하지 않는다면 결론 없는 연설이 되고 말 것이다. '아들들아'라는 부름이 아버지가 아니라 지혜가 된다면, 지혜가 사람들 가운데 자신의 제자를 받으려는 모습으로 전환되고 있는 것으로 볼 수 있다. 아버지가 아들에게, 스승이 제자에게 호소하듯이 지혜는 제자를 불러 모으며 자신의 가르침을 지키는 자가 복될 것을 약속하고 있는 것이다.

33절 | 훈계를 들어서 지혜를 얻으라 그것을 버리지 말라

지혜는 사람의 인위적 노력만으로 얻을 수 없다. 하나님의 말씀과 계명을 통해서만 얻을 수 있다(잠 4:1). 따라서 지혜는 교만하여 하나님의 말씀에 근거한 지혜자의 훈계를 무시하는 자는 얻을 수 없고, 오직 겸손하게 지혜를 얻으려고 마음의 문을 여는 자가 얻을 수 있다.

앞 절에서 '나의 길'이라는 은유는 '훈계'로 구체화된다(잠 1:2). 지혜는 아버지처럼 길과 훈계를 아들들에게 주며 지혜를 얻으라고 권면하고(잠 6:6) '그것을 버리지 말라'고 가르친다. '버리다'는 기본적으로 '자유롭게 하다, 살려 주다'(욥 33:24)는 뜻이며, '경멸하다, 멸시하다, 무시하다'는 뜻으로 사용된다(잠 1:25, 4:15, 13:18, 15:32). 지혜는 세상이 존재하기 전에 하나님으로부터 나와서 온 우주의 창조 과정을 보았기 때문에 결코 그것을 무시하고는 좋은 결과를 얻을 수 없다.

34절 | 누구든지 내게 들으며 날마다 내 문 곁에서 기다리며 문설주 옆에서 기다리는 자는 복이 있나니

지혜는 아무 대가 없이 얻을 수 없고, 지혜를 얻고자 하는 간절하고 갈급한 마음으로 기다리는 사람만이 얻을 수 있다. 세상에는 지혜의 가치를 아는 사람은 많이 있지만 실상 그것을 얻는 사람은 드물다.

'날마다 내 문 곁에서 기다리며'라는 말은 젊은 남자가 그 애인의 집 문 앞에서 그녀가 나타나기만을 학수고대하며 찾아가고 기다리듯이 지혜를 추구하는 자도 그것을 끊임없이 열정적으로 사모해야 함을 비유적으로 묘사한다.

본 절에서는 지혜의 말씀을 들을 때 더욱 정신을 집중하며 깨어 있어야 할 것을 요청한다. '내 문 곁에서'는 지혜의 집이 있으며(잠 9:1-6), 그의 제자가 더욱 간절해야 함을 말해 준다. 제자가 지혜의 문 곁에서 기다리는 모습에 대해서는 다양한 학자들의 해석이 있는데, '왕의 은총을 구함', '봉사를 바람', '종이 주인의 지시를 기다림', '들어가기를 구함', '구혼자로 기다림' 등으로 분류할 수 있다. 잠언 18장 22절과의 유사성에 근거해보면, 본 절에는 사랑과 결혼의 은유가 배후에 깔려 있다는 결론을 내릴 수 있다.

7장에서 아버지는 아들에게 음녀의 집과 방을 피하라고 가르쳤다(잠 7:27). 지혜는 자신의 배우자로서 제자가 될 자들이 자신의 집 문 앞에서 기다리는 것을 바라고 있다. '내 문설주'는 전반절의 '문'을 더욱 강조하며(잠 8:3), 제자가 지혜를 참으로 사모하며 간절하게 기다리는 모습을 강화한다(잠 8:17).

35절 **대저 나를 얻는 자는 생명을 얻고**
여호와께 은총[1]을 얻을 것임이니라

1. '은총'(רָצוֹן : 라촌) : 자기 백성을 긍휼히 여기시는 하나님의 사랑을 나타내는 단어로 본 절에서는 생명과 마찬가지로 하나님께로부터 주어지는 은사다. 인자와 진리를 지키는 자는 하나님과 사람 앞에서 은총을 받는다.

지혜를 추구하는 자가 복된 이유에 대해서 언급하고 있다. '나'는 신적 지혜, 곧 그리스도를 가리키는 말로 보며, 본 절은 요한복음 1장 14절, 3장 36절, 17장 3절 등과 그 맥을 같이한다.

'나를 찾는 사람'(잠 3:3)은 지혜를 사랑하며 부지런히 찾는 것을 말한다(잠 1:28, 7:15, 8:17). 지혜는 생명나무이므로(잠 3:18), 지혜를 얻은 사람은 생명을 얻는 것이다. 또한 하나님의 은총도 얻을 것이다(잠 1:7, 11:1, 20, 12:2, 22, 15:9, 8, 18:22).

36절 **그러나 나를 잃는 자는 자기의 영혼을 해하는[1] 자라**

나를 미워하는 자는 사망을 사랑하느니라

1. '해하다'(חמס : 하마스) : 동사로, 물리적으로 폭력을 행사하는 것을 나타내며 자기의 영혼을 해한다는 것은 상당히 강렬한 표현으로서 영혼의 파괴를 의미한다.

앞 절과 대조적으로 지혜를 얻지 못한 자에게 임하는 비극적 결과를 언급한다. 지혜를 얻지 못한 자는 하나님 안에 있는 생명을 알지 못해 죄악의 길로 행하고, 그로 인해 그의 영혼은 멸망으로 향하게 된다는 것이다. 이는 요한복음 3장 36절 하반절과 그 맥을 같이하고 있다.

지혜를 잃는 자는 자신을 해치는 자이다. '잃다'는 기본적으로 '죄를 짓다'는 어근을 갖고 있으며, '찾다'와 대비를 이룰 때(욥 5:24; 사 65:20) 지혜를 '놓치다'라는 뜻을 갖게 된다. 지혜를 잃는 자는 결국 죽음에 이르는 것이다(잠 2:18, 5:5, 7:27).

지혜는 얻으면 좋고, 얻지 못하면 그만이라는 차원이 아니라 생사의 문제와 연관된다. 따라서 성도들은 지혜를 반드시 얻어야 한다. 간절히 구하며 문 곁에서 기다리듯이 사모하고 지혜를 구해야 한다. 간절함과 사모함으로 지혜를 구하는 자는 지혜를 얻으며, 영원한 생명에 거할 수 있다. 이것이 바로 생명이 있으며 복 있는 자다.

한 번 더 생각하기

8장에서 지혜는 사회적 활동가가 되어 공의와 의를 세우고, 이에 따라서 통치자들이 나라를 다스린다는 식의 왕권 및 보편적인 통치와 결부되면서 의인화가 점점 고조된다. 지혜가 자신을 따르는 자들과 갖는 사랑의 관계는, 그들이 지혜의 길 안에서 걷기만 한다면 번영하게 되는 보증수표를 갖는 것과 같다.

지혜는 22-31절에서 자기가 세계가 창조되기 이전인 태초에 하나님으로부터 나왔다고 천명한다. 25-29절에 나오는 창조에 관한 묘사는 여기서 그리 중요하지 않다. 창조 자체는 강조하지 않고 단지 지혜의 선재를 부각시키는 역할만을 할 뿐이다. 절정은 하나님 및 인간들에 대한 지혜의 관계를 말하는 30-31절이다. 지혜는 여호와께 기쁨을 주고, 하나님 앞에서 뛰놀며, 인간들 속에서 기쁨을 발견한다고 말하고 있다.

'지혜들(חכמת : 호크못)'은 복수 여성명사로 일반적인 고대의 지혜들과 다른 신적인 지혜를 의미한다. 고린도에 보낸 바울의 서신에서 이런 지혜에 대한 고대인의 견해를 엿볼 수 있다.

> 하나님의 지혜에 있어서는 이 세상이 자기 지혜로 하나님을 알지 못하므로 하나님께서 전도의 미련한 것으로 믿는 자들을 구원하시기를 기뻐하셨도다 유대인은 표적을 구하고 헬라인은 지혜를 찾으나 우리는 십자가에 못박힌 그리스도를 전하니 유대인에게는 거리끼는 것이요 이방인에게는 미련한 것이로되 오직 부르심을

받은 자들에게는 유대인이나 헬라인이나 그리스도는 하나님의 능력이요 하나님의 지혜니라(고전 1:21-24)

바울은 예수 그리스도의 모습 속에서 지혜를 찾는다. 바울이 말하는 지혜는 일반적인 그리스 사상의 지혜나 유대주의의 지혜가 아닌 영원하신 '하나님의 지혜'다. 그리고 그것은 동시에 '예수 그리스도의 지혜'이다.

예수 그리스도의 지혜는 '순종하는 지혜'였다. 그리스도는 하나님의 그 속죄 사역에 대항하지 않고 마치 털 깎는 자 앞에서 잠잠하듯 하나님의 섭리에 순종하는 모습을 보이셨다.

그가 곤욕을 당하여 괴로울 때에도 그의 입을 열지 아니하였음이여 마치 도수장으로 끌려가는 어린 양과 털 깎는 자 앞에 잠잠한 양 같이 그의 입을 열지 아니하였도다(사 53:7)

고린도 교회는 세상적인 지혜로 가득 찼었다. 고린도 교회는 하나님의 사랑을 입은 거룩한 공동체였음에도 그들 가운데에서 온갖 분쟁과 부도덕성 때문에 교회의 '존립 근거'가 파괴될 위기에 놓여 있었다. 그들은 '세상적인 지혜'를 따라 분쟁과 시기와 부도덕한 삶을 살았기 때문에 교회의 참모습을 상실할 위기에 처해 있었다. 바울은 고린도 교인들이 따르려고 했던 지혜가 세상의 지혜이며, 바로 교회의 정체성을 위협하는 원인이라고 진단했다.

'세상의 지혜'와 대립되는 위치에 있는 '하나님의 지혜'는 바울이 전하는 십자가의 복음과 동일하다. 즉 그 지혜는 세상 웅변가들이나 변론가들, 또는 헬라 철학자들의 지혜로운 말과 논리적 설득력에 있는 것이 아닌, 세상 사람들의 눈에 거리낌과 어리석게 보이는 십자가에 못 박힌 예수 그리스도 안에 있다.

십자가에서 나타난 지혜는 모든 문제를 해결하는 중심적 열쇠다. 교회가 고난과 찢김을 당함으로 다른 형제들을 위해 섬기려는 준비를 하지 않고, 자기 자만에 빠져 세상의 지혜를 따라 시기와 분쟁을 일삼고, 권위주의적인 태도와 교만한 태도를 취하면 그것은 십자가의 공동체로서 자기 정체성을 상실하는 일이다.

예수님은 그러실 필요가 전혀 없으심에도 불구하고 인간의 옷을 입고 우리의 슬픔을 위로하러 오셨다. 그뿐 아니라 모든 슬픔의 근원이 되는 세상 죄를 지시고 십자가에서 돌아가심으로 죄로 인한 심판의 공포에서 우리를 해방시키셨다. 하나님은 믿는 자들의 마음속에 성령으로 오셔서 언제나 우리를 위로해주시는 것이다.

> 이스라엘아 들으라 우리 하나님 여호와는 오직 유일한 여호와이시니 너는 마음을 다하고 성품을 다하고 힘을 다하여 네 하나님 여호와를 사랑하라(신 6:4-5)

하나님의 지혜를 듣는다는 것은 세상의 지혜를 듣지 않는다는 의미를 포함하고 있다. 이것은 세상의 지혜에 귀를 기울이지 않고 이 세상의 것에 소망을 두지 않는 것을 의미한다. 세상의 지혜는 사탄의 것이며 거짓이고, 다른 사람을 죽이는 지혜이다. 하나님의 지혜는 참 지혜이고 희생하는 지혜다. 하나님의 아들 예수 그리스도는 자신을 희생함으로 다른 사람을 살리셨다. 하나님의 지혜는 사람을 살리는 지혜이다.

> 그가 찔림은 우리의 허물 때문이요 그가 상함은 우리의 죄악 때문이라 그가 징계를 받으므로 우리는 평화를 누리고 그가 채찍에 맞으므로 우리가 나음을 받았도다 (사 53:5)

잠언 9장

지혜의 초청

VS

미련함의 초청

신뢰란 우리의 복지와 안녕을 다른 사람의 손에 맡기는 것을 의미한다. 그러므로 우리가 정말로 믿을 수 있는 사물이나 사람에게 할 때만 안전하다. 신뢰할 것이냐 말 것이냐를 선택해야만 하는 상황에서 우리는 앞으로 일어날 일을 예측하기 위해 과거의 일들을 살펴본다. 만약 사람이나 사물이 과거에 충분한 신뢰를 주었다면 안심하고 그것을 앞으로도 신뢰할 수 있다. 그런데 그 사람이나 사물이 과거에 신뢰를 주지 못했다면 우리는 앞으로 그 사람이나 사물을 신뢰하는 일에 두려움을 갖게 될 것이다.

선택은 이처럼 중요하다. 이것이 바로 솔로몬이 지혜의 결과와 어리석음의 결과를 말하기 위해 많은 시간을 소비한 이유다. 어리석음이 어떻게 지속적으로 고통을 만들어내는지, 지혜가 어떻게 끊임없이 기쁨을 만들어내는지를 보면, 하나님을 신뢰하고 삶 속에서 그분이 주시는 지혜의 원리를 따라야 할 분명한 이유를 발견하게 된다.

오래된 속담에 이런 말이 있다.

"지혜로운 자에게는 말 한마디로도 족하니라."

정말 그렇다. 만약 듣는 자의 마음속에 지혜를 담을 수 있는 약간의 여유만 있다면, 그 사람은 하나님께 대한 믿음과 순종의 마음으로 응답할 것이다.

잠 9:1-6

◇

지혜가 준비한 향연

지혜가 그의 집을 짓고 일곱 기둥을 다듬고 짐승을 잡으며 포도주를 혼합하여 상을 갖추고 자기의 여종을 보내어 성중 높은 곳에서 불러 이르기를 어리석은 자는 이리로 돌이키라 또 지혜 없는 자에게 이르기를 너는 와서 내 식물을 먹으며 내 혼합한 포도주를 마시고 어리석음을 버리고 생명을 얻으라 명철의 길을 행하라 하느니라

본 장은 제8장의 후반부와 연결된다. 특히 1-12절은 의인화된 지혜가 집을 짓고 사람들을 초대하는 것에 비유하여 지혜를 추구할 것을 권면한다.

1절 **지혜가 그의 집을 짓고[1] 일곱 기둥을 다듬고**

1. '짓고'(בָּנְתָה:바네타) : '세우다', '건축하다'라는 의미의 동사 '바나(בָּנָה)'의 여성 단수형으로 '그녀가 세웠다'라는 뜻이다. '바나'라는 동사는 제단이나 집, 성읍, 성벽 등을 세우는 행위를 말하는데, 이 동사의 주어는 하나

> 님이 되기도 하고 사람이 되기도 한다. 시편에서는 하나님이 집을 세우지 아니하시면 세우는 자의 수고가 헛되다고 말하며 하나님의 주권과 섭리를 강조한다.

'지혜가 그의 집을 짓고 일곱 기둥을 다듬고'에서 '집'은 7장 27절에 기록된 '음부의 집'과는 대조적으로 '생명으로 인도하는 집'을 의미한다. 지금까지 살펴본 바와 같이 '지혜'를 그리스도와 동일시한다면 이는 성육신成肉身하신 그리스도의 몸 자체(요 2:19)와 그의 몸 된 교회(벧전 2:5)를 의미한다. 그렇다면 본 절은 모든 인간을 천국 복음으로 초청하는 그리스도의 구속사역을 예시하는 말로 볼 수 있다.

'일곱 기둥'이란 건물을 떠받친 실내 기둥을 염두에 둔 표현이다. 성경에서 '일곱'이란 수는 완전수다. 따라서 '지혜의 집'에 일곱 기둥이 세워졌다는 것은 그 집의 완전성을 시사하며, 지혜가 일곱 가지 신적 속성(약 3:17)으로 이루어져 있음을 말한다. 또한 그리스도의 몸이 요한계시록 1장 4절의 일곱 교회로 대표되는 세상 모든 교회로 구성될 것을 의미한다고도 할 수 있다.

지혜가 그 집을 지었다(잠 14:1 전반부, 24:3 참조). 그의 집은 일곱 기둥으로 받친 완전한 집이었으며, '일곱'은 완전성과 온전성을 말한다(민 23:11 참조). 일곱 기둥을 가진 집은 대궐이나 성전의 수준이었으며, 크고 화려하며 아름답고 완전한 집이다.

'집을 짓다'는 기둥과 연관하여 '다듬다'라는 동사와 대구를 이룬다. 이 동사는 기본적으로 '(바위에서) 파내다'를 의미한다(신 6:11; 렘 2:13; 느 9:25 등). 즉 지혜는 탁월하고도 정교한 기술과 부지런함으로 자신의 집을 아름답게 지은 것이다. 이런 점에서 뒤에 나올 게으르고도 무능한 계집의 우매함과 크게 대조를 이룬다(13절).

2절 **짐승을 잡으며[1] 포도주를 혼합하여[2] 상을 갖추고**

1. '짐승을 잡으며' : 의성어를 사용하여 '그녀의 살육을 살육하였다'로 직역되며, '짐승을 잡아 요리를 하였음'을 보여준다. '짐승을 잡다'는 의식적인 제사를 의미하지 않고, 대부분 세속적 용법으로 '요리하다'는 뜻이다(삼상 9:23-24). 고대사회에서는 대부분 남성들이 짐승을 잡았다(창 43:16; 신 28:31; 삼상 25:11; 렘 11:19, 51:40 등).
2. '포도주를 혼합하여' : 포도주에 향료 등을 섞어 맛과 향기를 돋우는 것을 의미한다.

전반적으로 왕의 큰 잔치를 연상시키는 구절로(마 22:4), 지혜를 추구하는 자에게는 하나님의 크신 축복과 은총이 예비되었음을 시사해준다. 지혜는 스스로 집을 완공한 후, 성대한 축하잔치를 준비한다. 이 절에 나오는 일곱 개의 단어 가운데 여섯 개가 여성형 어미를 갖고 있기 때문에, 지혜가 부지런히 자신의 준비하는 모습을 음성학적으로 들려주고 있다.

'상을 갖추고'는 '짐승을 잡고'와 '포도주를 섞다'의 환유를 만들어준다. '상'과 '갖추다'는 말은 잔칫상을 여러 행렬로 잘 배열하는 모습을 제시해주며(출 40:4; 시 23:5, 78:19; 사 21:5, 65:11; 겔 23:41), 많은 손님들을 위하여 완벽한 준비가 되었음을 보여준다.

3절 | 자기의 여종을 보내어 성중 높은 곳에서 불러 이르기를

본 절은 전반적으로 마태복음 22장에 나오는 '혼인 잔치 비유'와 많은 유사성이 있는데, 하나님께서 지혜를 준비해 놓으시고 우리를 초청하신다는 것을 나타내는 비유적 표현이다. 결국 본 절은 하나님께 나아가는 자는 지혜의 은총을 얻을 수 있다는 사실을 나타낸다. 그럼에도 불구하고 사람들 중에 지혜를 얻은 자가 많지 않은 까닭은 사람들의 마음이 완악하여 하나님이 베푸시는 말씀과 교훈을 멸시하기 때문이다.

한편 우리말 성경은 여기서 외치는 자와 여종이 동일 인물인 것처럼 기록하고 있으나 원문은 여종을 보내는 것과 외치는 것이 구별되어 모두 지혜의 행위로 나타난다. 따라서 지혜가 여종을 보내고, 자신이 친히 성중 높은 곳에서 외쳤다고 보는 것이 합당하다.

지혜가 자신의 시녀들을 보내고 있는 모습은 잔치 준비를 모두 마쳤음을 보여준다. 에스더 6장 14절에 보면 왕의 내시들이 하만을 모시고 에스더의 잔치에 데려가는 장면이 나온다. 본 절에서 지혜는 여성이기 때문에, 자신의 시녀들(창 24:14; 출 2:5; 룻 2:8; 삼상 25:42; 왕하 5:2; 에 2:9, 4:16; 잠 31:15 등)을 보내어 사람들을 초대하고 있다.

'부르다', 즉 '외치다'라는 말은 '잔치에 초대하다'는 뜻이며(잠 9:18; 삼상 9:13), 자신의 '간절함'을 드러낸다(잠 1:21). 그는 자신의 시녀들을 성중 높은 곳에서 외치게 한다. 여기의 '높은 곳'은 '가장 높은 꼭대기'로 보아야 한다. 이곳은 모든 사람이 보고 들을 수 있는 장소이며, 잠언에서 지혜가 자신의 제자들을 만나는 곳이었다(잠 1:20-21, 8:1-2).

4절 어리석은 자는 이리로 돌이키라

또 지혜 없는 자[1]에게 이르기를

1. '지혜 없는 자'(חֲסַר־לֵב: 하사르 레브) : '마음이 부족한 자'이다. '마음'은 감정과 의지의 자리이며, 도덕과 양심의 자리일 뿐 아니라 지혜와 지식의 자리이기도 하다. '하사르(חָסֵר)'는 사람이나 물건이 부족한 상태를 의미하는데 비유적으로는 지혜가 부족한 자를 나타내는 데 자주 사용되었다.

본 절에서부터 12절까지는 지혜가 준비한 향연에 사람들을 초청하는 내용이다. 본 절의 '어리석은 자'는 외부의 유혹에 무방비 상태로 노출된 자를, '지혜 없는 자'는 육욕에 사로잡혀 이성적인 판단 능력이 마비된 상태에 놓여 있는 자를 가리킨다. 지혜는 이러한 자들에게 주의 깊게 행동하고 옳게 행동할 능력을 제공함으로써 그들을 선한 길로 인도한다.

지혜는 '어리석은 자는 누구나' 자신에게로 '돌이키라'고 말한다. 지혜의 첫 초대에서 어리석은 자들이 자신의 초대를 거절하였지만(잠 1:22-24), 여기에서 최종적으로 다시 한 번 더 부른다. '이곳'은 그녀의 집을 가리키며, '돌리다'는 아직까지 지혜에게 돌아오지 못한 것을 회개하고 그에게 돌아오며 그의 가르침에 헌신하는 것을 말한다.

5절 너는 와서 내 식물[1]을 먹으며 내 혼합한 포도주를 마시고

1. '식물'(לֶחֶם: 레헴) : 고기와 구별되는 것으로서의 '떡'을 가리키거나, 일반적으로 음식 전체를 의미하기도 하였다. 떡과 술의 은유는 지혜문학에서 자주 등장하는데, 악인의 삶의 모습을 묘사하기도 한다.

음식이 사람의 생명에 활력을 주는 힘의 공급원인 것과 마찬가지로 지혜는 사람의 영혼을 살찌게 하고 힘을 얻게 하는 생명의 원천이다. 결국 본 절은 지혜의 가치와 효용성을 상기시키는 비유적 표현인데, 특히 '식물'은 예수 그리스도께서 우리를 위해 내어주신 그의 몸을, 그리고 '포도주'는 그의 보혈을 예표[13]하는 것이라 할 수 있다(마 26:26-28; 요 6:53-58).

앞 절에서 부정적으로 '돌이키라'고 말한 지혜는 여기에서 다시 긍정적인 표현으로 '오라'고 초대하며, 초대의 긴급성과 신속성을 강조한다(잠 1:11, 7:18). '먹으라, 마시라'는 잔치 초대의 용어이며, 은유적으로 '가르침을 받는다'는 뜻이다(사 55:1-3; 요 6:35). 지혜의 초대는 '불의의 떡과 강포의 술'을 제공하는 악인의 초대와 강한 대비를 이룬다(잠 4:17).

6절 | 어리석음을 버리고 생명을 얻으라
명철의 길을 행하라 하느니라

본 절의 '어리석음'은 뒤의 '생명을 얻으라'는 말과 조화시켜 생각해 봤을 때 우리말 성경과 같이 추상명사로 해석하여 어리석은 자들을 향해 어리석음 자체를 버리라는 권고로 보는 것이 좋다.

최종적으로 지혜는 어리석고 미련한 자들에게 회개를 요청한다. '길'은 그의 가르침이다(잠 1:15). 앞에서 '돌이켜라'로 시작한 회개의 요청은 '어리석음을 버리다'로 나아가 완전한 결별을 요청한다(잠 2:13). 지혜의 초대를 따라 어리석음을 버리고 지혜의 집 안으로 들어올 때 생명을 얻을 것이다(잠 3:18, 4:13, 22, 5:6, 6:23, 8:32-35). 그러나 이 초대를 거절하고 우매의 집으로 들어간다면 결국 파국적인 죽음을 당할 것이다(잠 9:18).

'어리석음을 버리다'는 후반절 '명철의 길을 행하다'로 넘어간다. '명철의 길'은 '명철에 이르는 길'이며, 여기에 긴 과정이 있음을 내포한다. 특히 '따라가라'는 바른 방향을 따라 지속적으로 나아가야 함을 강조한다(잠 4:11, 14).

잠 9:7-12

◇

여호와를 경외하는 것

거만한 자를 징계하는 자는 도리어 능욕을 받고 악인을 책망하는 자는 도리어 흠이 잡히느니라 거만한 자를 책망하지 말라 그가 너를 미워할까 두려우니라 지혜 있는 자를 책망하라 그가 너를 사랑하리라 지혜 있는 자에게 교훈을 더하라 그가 더욱 지혜로워질 것이요 의로운 사람을 가르치라 그의 학식이 더하리라 여호와를 경외하는 것이 지혜의 근본이요 거룩하신 자를 아는 것이 명철이니라 나 지혜로 말미암아 네 날이 많아질 것이요 네 생명의 해가 네게 더하리라 네가 만일 지혜로우면 그 지혜가 네게 유익할 것이나 네가 만일 거만하면 너 홀로 해를 당하리라

7절에서부터 12절까지는 일종의 삽입구로, 지혜가 초청하는 대상이 어리석은 자까지만 국한되고 거만한 자, 악한 자 등이 제외된 이유를 설명한다.

잠언 9장 7-12절은 교차대칭구조로 이루어져 있다.

"거만한 자를 징계하는 자는 도리어 능욕을 받고 악인을 책망하는 자는 도리어 흠이 잡히느니라 거만한 자를 책망하지 말라 그가 너를 미워할까 두려우니라."

⇨ A : 거만한 자의 특성

"지혜 있는 자를 책망하라 그가 너를 사랑하리라 지혜 있는 자에게 교훈을 더하라 그가 더욱 지혜로워질 것이요 의로운 사람을 가르치라 그의 학식이 더하리라."

⇨ B : 지혜자의 특성

"여호와를 경외하는 것이 지혜의 근본이요."

⇨ C : 여호와를 경외하는 것이 지혜

"거룩하신 자를 아는 것이 명철이니라."

⇨ C′ : 거룩하신 자를 아는 것이 명철

"나 지혜로 말미암아 네 날이 많아질 것이요 네 생명의 해가 네게 더하리라 네가 만일 지혜로우면 그 지혜가 네게 유익할 것이나."

⇨ B′ : 지혜자에게 주어지는 보상

"네가 만일 거만하면 너 홀로 해를 당하리라."

⇨ A′ : 거만한 자에게 주어지는 벌

세상에서 가장 가치 있고 소중한 것은 지혜다. 솔로몬이 일천번제를 드리면서 하나님께 지혜를 구하자 하나님께서는 크게 기뻐하시며 구하지 않은 많은 것까지 더해 주셨다. 그것은 모든 부귀와 행복의 근원이 지혜로부터 시작되는 것을 보여준다.

7절 거만[1]한 자를 징계하는 자는 도리어 능욕[2]을 받고
악인을 책망하는 자는 도리어 흠이 잡히느니라[3]

1. '거만'(לוּץ:루츠) : '루츠(לוּץ)'의 본래 의미는 '입을 삐죽거리다', 즉 '비웃다'이다. 거기에서 (외국어를 발음하려는 노력에서) '해석하다', (일반적으로) '중재하다'라는 의미가 파생된다. 명사로 쓰일 때에는 '사절', '대사', '조롱', '통역자', '희롱', '선생' 등으로 번역된다.
2. '능욕' : 기본적으로 '수치'를 뜻한다(잠 3:35).
3. '흠이 잡힌다' : '신체적인 상처'(레 21:17, 22:20; 민 19:2; 신 15:21; 삼하 14:25; 아 4:7; 단 1:4)나 '도덕적인 손상'(욥 11:15, 31:7)을 뜻한다. 여기에서는 은유적으로 스승의 명예가 크게 손상 받을 것을 말한다.

7절은 병렬구조로 되어 있다. 이것은 다른 단어를 사용해서 같은 의미를 반복하는 히브리 시 특유의 평행법이다.

'거만한 자'는 곧 '악인'이다. 이 거만한 자, 혹은 악인에게 교훈을 베푼다거나 가르침을 베풀려 했다가는 도리어 화를 당한다는 것이다. '거만한 자'는 진리의 교훈을 비웃는 이다scoffer. 히브리어로 '루츠'는 '업신여기다, 입을 삐죽거리다, 거만하게 말하다'는 뜻으로, 다른 이가

자신을 위해 어떤 교훈을 베풀 때 비웃는 자가 바로 루츠이다. 또한 자유롭게 생각하는 자, 즉 종교와 덕을 조롱하는 자를 가리키기도 한다.

'악을 행하는 자'는 하나님에 의해서 제지를 받는 것을 피하고, 스스로 방자하게 악에 매인 악한 자다(델리취).

본 절의 '거만한 자'는 스스로 교만하여 자신에게 충고하고 징계하는 자를 오히려 미워하고 욕되게 한다. 악인은 자신의 악함에 대해 훈계와 책망하는 자의 말을 겸손히 받지 않고 오히려 그에게 악으로 갚는다. 그리하여 거만한 자와 악인은 도저히 구원받을 수 없는 처지에 스스로 빠지고 만다. 본 절은 바로 이와 같은 사실을 반영한 것인데, 이는 결국 진주를 돼지에게 던지지 말라는 예수의 교훈과 일치한다(마 7:6).

앞에서 지혜는 '어리석은 자'와 '지각이 모자라는 자'를 초대했다. 왜냐하면 그들에게는 여전히 기회가 있기 때문이다. 거만한 자와 악인, 이 두 부류의 사람들은 의식적으로 참된 경건과 지혜의 길을 조롱하고 멸시하는 자들이다(시 1:1; 잠 19:28 참조). 즉 그들은 자만심으로 가득해 남을 무시하는 것이 생활화되었으며, 왜곡된 가치관으로 이미 고착된 자들이기 때문에 더 이상 어떤 변화를 기대할 수 없는 자들이다. 따라서 이런 자들을 훈계하거나 책망하면 오히려 수치를 당할 것이다.

8절 | 거만한 자를 책망하지 말라 그가 너를 미워할까 두려우니라
지혜 있는 자를 책망하라 그가 너를 사랑하리라

거만한 자가 자신의 그릇된 행위를 충고하고 권면하는 사람을 대적하고 미워하는 것과 달리 지혜로운 자는 겸손히 타인의 충고와 훈계를 받아들여 자신을 성찰할 뿐만 아니라 자신에게 충고와 훈계를 준 사람에게 감사한다(시 141:5). 그러므로 본 절은 지혜는 오직 온유하고 겸손한 성품으로 자신의 생활을 무장한 사람만이 얻을 수 있다는 사실을 깨닫게 해준다.

앞 절이 현상에 대한 관찰이었다면 이 절은 현상에 근거한 명백한 교훈적 명령을 담고 있다. 지혜의 스승은 거만한 자를 책망해서는 안 된다는 것이다. 즉 함부로 이웃을 교정하거나 가르치려고 덤벼서는 안 된다(레 19:17 참조). 왜냐하면 그가 너를 미워할까 두렵기 때문이다. 미움은 격정적이고 지속적인 적대적 감정을 말한다.

이와 반대로 '지혜 있는 자'는 책망하여야 한다. '지혜 있는 자'는 이미 지혜롭지만 완전하지 않기 때문에(잠 4:18) 그는 계속하여 참된 지혜와 지식에 이르기까지 자라야 한다. 따라서 스승은 지속적인 가르침을 주어야 하며, 제자 역시 지속적인 지도 편달을 달가워해야 한다. '그가 너를 사랑할 것이다'는 더욱 깊은 우정과 사랑으로 두 사람의 관계가 깊어질 것을 말해 준다.

9절 지혜 있는 자에게 교훈을 더하라[1]

그가 더욱 지혜로워질 것이요

의로운 사람을 가르치라 그의 학식이 더하리라

1. '교훈을 더하라'(תֵּן : 텐) : '주다'라는 의미의 동사 '나탄(נָתַן)'의 남성단수형으로 '너는 주어라'라는 뜻인데, 8절과의 연속성으로 볼 때 지혜로운 자에게 책망하라는 것이다. 어리석은 자는 지혜의 교훈을 받아들이지 않기 때문에 그 교훈이 아무 소용없으나 지혜로운 자는 교훈을 받아들이고 순종하기 때문에 그에게 교훈을 주라고 명령한다.

'지혜 있는 자'는 하나님의 뜻을 따라 의롭게 생활하는 사람이기 때문에 자신을 권면하는 훈계와 교훈을 겸손히 받아들인다. 그 결과 그는 더욱 많은 지혜를 얻게 되는데, 이는 결국 있는 자는 받아 더욱 풍족하게 된다는 예수의 말씀과 일치되는 교훈이다(마 25:29).

'지혜 있는 자'는 바로 앞 절의 '지혜 있는 자'(8절 후반부)를 이어받으며, 앞 절의 시상을 한 걸음 더 발전시킨다. 이 절에서 '지혜 있는 자'는 '의인'과 평행을 이루며, 구약성서에서 이 두 사람은 자주 함께 나타난다(신 16:19; 잠 9:9, 11:30, 23:24; 전 7:16, 9:1; 호 14:9). 여기에서 '의인'은 하나님을 경외하는 자로서, 그의 종교적 · 윤리적 특성이 부각된다.

앞 절에서 지혜 있는 자는 책망을 받을수록 책망하는 사람을 사랑할 것을 말했는데(8절 후반부), 이제 그는 교훈을 받을수록 더욱 지혜로워질 것이라고 한다. 히브리어 원어 성서에서는 '교훈'은 생략되어 있으며(신 32:2; 욥 11:4; 잠 4:2, 16:21, 23) 후반절의 '학식'이 이중기능을 하고 있다. 의인 역시 교훈을 받을수록 더욱더 학식이 많아져 갈 것이다.

여기의 중심 사상은 지혜자와 의인이 그들의 지혜와 경건과 학문에서 정체되지 않고 지속적으로 자라며 성숙해 갈 것을 강조하는 것에 있다. 따라서 지혜자는 평생 학생이며 큰 학문을 이루게 될 것이다. 이 구절은 잠언 1장 5절의 약속이 어떻게 실현될 것인지 말해 준다.

10절 | **여호와를 경외하는 것이 지혜의 근본이요**
거룩하신 자를 아는 것이 명철이니라

본서 전체의 핵심을 이루는 주제로서 인생에서 가장 가치 있고 의미 있는 일이 무엇인가를 교훈한다. 본 절은 잠언 전체의 서문에 나오는 잠언서의 요약인 1장 7절을 반향하고 있으며, 하나님 앞에서의 경건이 지혜의 근본임을 다시 한 번 더 천명해 준다.

현재의 문맥에서 앞 절은 지혜자와 의인의 지혜와 지식이 평생토록 점점 자라 갈 것을 말했는데, 이 절에서는 다시 한 번 더 그 출발점이 어디에 있는지 강조하고 있다.

11절 | **나 지혜로 말미암아 네 날이 많아질 것이요**
네 생명의 해가 네게 더하리라

어리석은 자는 헛된 재물을 쌓기 위해 불의한 일을 행함으로 남들의 원한을 사기도 하고, 방탕한 생활을 통해 스스로의 생명을 단축시킨다. 그러나 지혜로운 자는 남에게 선을 행함으로 사랑을 받고 또한 하나님을 경외하여 장수의 축복도 누린다(잠 10:27, 14:27). 본 절은 바로 이와 같은 사실을 거듭 천명하고 있다.

많은 학자들은 11절이 6절 뒤에 바로 나오는 것이 자연스럽다고 본다. 왜냐하면 원문에는 '지혜'라는 주어가 없으며, '나로 말미암아'는 10절과 아무런 고리도 없기 때문이다. 또한 우가릿문헌[14]에서도 여신의 잔치에서 참여하여 먹고 마시는 것이 장수하는 것과 연관되기 때문에, 지혜의 초대를 다루는 1-6절의 결론으로 적합하다고 생각하는 것이다.

그렇지만 10절에 있는 보어로서의 '지혜'가 11절에서 주어로 간접적으로 연결되는 것이 불가능하지 않으며, 전체적인 흐름에 있어서도 크게 어색하지 않고 고대의 역본에서도 순서의 큰 변화가 없기 때문에 현재의 형태로 보아도 어려움은 없어 보인다.

본 절은 앞 절의 이유를 제시하기보다, 지혜의 유익을 말하기 때문에 '왜냐하면'으로 시작하는 이 구절은 '참으로'라고 번역되는 것이 더 좋다. 하나님을 경외하는 정신을 바탕으로 삼는 지혜는 장수와 생명의 신장으로 큰 복을 줄 것이다(잠 3:2, 4:10).

---

14) Ugarit Epic. 우가릿에서 발견된 토판으로, 우가릿은 이스라엘 북쪽 지중해변에 있는 라스 샴라라 불리는 곳으로 6,000 BCE부터 1,190 BCE경까지 지중해에 접한 고대의 항구도시로 무역의 중심지였다. 우가릿의 언어는 히브리어와 같은 북서 셈족 계통이었고 언어학적으로도 매우 가까웠기 때문에 발굴된 우가릿 문서는 고대 히브리어를 해석하는데 도움이 되고 있다. _편집자 주

12절 | 네가 만일 지혜로우면 그 지혜가 네게 유익할 것이나
네가 만일 거만하면 너 홀로 해를 당하리라

전반적으로 지혜로운 자와 거만한 자가 맞이할 상이한 결과를 대조시킴으로써 지혜의 중요성을 강조하는 교훈이다. 한편 '거만하다'는 말은 문자적으로 '입을 삐죽이다', '비웃다'란 뜻인데, 이는 잘난 체하는 마음에서 남을 업신여기며 가르침과 훈계를 비웃는 행위를 말한다.

지혜로운 자는 하나님을 경외함으로 하나님께서 주시는 생명과 은총을 축복으로 받는다(잠 8:35). 하지만 거만한 자는 그 마음에 이르기를 하나님이 없다 하며(시 14:1) 육적 욕구에 따라 방탕하게 살기 때문에 결국 멸망의 길로 가게 된다. 그러므로 영원한 생명을 얻고 하나님의 은총을 얻고자 하는 자는 항상 하나님의 말씀에 귀 기울이고 그 말씀대로 살아야 한다.

본 절은 이 단락 전체(7-12절)와 소단락(10-12절)의 결론으로서 이중적인 역할을 하고 있다. 지혜자는 본 절에서 '지혜'와 '거만'의 주제(7, 8절)를 마무리한다. '네가 지혜롭다면, 그 지혜는 너에게 유익할 것이다'와 '네가 만일 거만하면 너 홀로 해를 당하리라'는 구절은 지혜와 거만이 본인에게 미치게 될 것을 가정을 통해 말하고 있다.

한 번 더 생각하기

마귀는 악하고 거만하다. 하나님을 대적하고, 성도를 유혹한다. 마

귀는 조롱하는 자의 대표적인 상징이다. 그러한 행악으로 마귀는 성도들을 시험 들게 하고, 지옥으로 끌고 간다.

거만한 자는 또한 미워하는 자다. 거만한 자는 책망을 받으면 책망한 자를 미워한다. 사탄은 하나님을 미워하고 사람들을 미워한다. 그래서 사람들을 지옥으로 끌고 가려고 한다. 이웃을 미워하는 자는 악인이고 거만한 자요, 이웃을 사랑하는 자는 하나님이 기뻐하시고, 지혜롭고 의로운 자인 것이다.

교만한 자가 충고를 받지 않고 도리어 반항하는 이유가 무엇일까? 첫째, 그는 교만으로 어두워져서 진리를 모르고 자기의 행위가 옳다고 생각한다. 둘째, 그는 자존심이 강해서 자기에게 충고나 책선[15]하는 자를 도리어 자신을 낮추는 자로 생각하고 반항한다.

그러나 지혜로운 자는 그렇지 않다. 지혜로운 자는 책망을 수용한다. 심지어 이웃이 나에게 실수로 어떤 잘못된 일을 행했을 때에도 그것을 이해하기 위해 노력한다. 지혜로운 자는 책망을 겸허히 수용하고, 자신을 책망하는 자를 사랑할 줄 안다. 하지만 거만한 자나 악한 자는 이웃의 잘못을 이해하려고 하지 않고, 악을 악으로 갚는다.

주님과의 동역을 차를 통해 그려 보면 크게 네 부류로 나누어 볼 수 있다.

첫째, 주님의 차를 앞질러 가는 사람들이다. 그들은 주님의 명령보다 자기 생각을 따라 결정한 뒤 혼자 성급하게 나서는 사람들이다. 이

15) 바르고 어진 일을 하도록 벗끼리 서로 권함. _편집자 주

들은 대개 자신의 육신적인 지혜와 지식을 가지고 주님을 앞서 가므로 주님의 일을 그르치기가 쉽다.

둘째, 주님의 차를 뒤따라가는 사람들이다. 이들은 주님의 뜻을 잘 따르기 위해서 기다리다가 몇 번씩이나 주님의 뜻을 확인하고서야 어떤 일을 추진하는 조심스런 사람들이다. 그러나 늘 출발이 주님보다 늦기 때문에 주님의 차를 타고 가지는 못한다.

셋째, 주님의 차 앞뒤에 가고 있는 사람들을 따라가는 사람들이다. 그들은 그저 자신보다 낫다고 생각한 사람들을 뒤따라가는 영적 분별력이 부족한 사람들로, 어쩌면 그리스도인들 중에서 이들의 수가 가장 많을 것이다.

넷째, 주님의 차에 타고 가는 사람들이다. 이들은 주님께서 일하실 때 같이 일을 하고 쉴 때도 같이 쉰다. 이들이 주님과 같이 일할 수 있는 것은 단순히 주님의 차 안에 타고 있기 때문이다. 이들은 아주 힘든 일을 할지라도 힘들지 않고, 많은 일을 할지라도 기쁘고 평안하다.

하나님께서 필요로 하시는 사람들은 네 번째 부류의 사람들이다. 차 안에 타고 가는 사람이 되려면 주님께서 차에 시동 거시는 소리에 항상 귀 기울이고 있어야 한다. 즉 성령님께서 어떤 일에 대해 감동하시는 때를 놓치지 않고 행하는 것이 차에 타는 것이다. 시동 거는 소리가 들리면 즉시 차에 올라타야 한다. 즉 성령님께서 감동하시면 즉각적으로 나의 모든 것을 내어드릴 줄 알아야 한다. 그 사람이 바로 하나님이 원하시는 지혜로운 자이다.

10절에 "여호와를 경외하는 것이 지혜의 근본이요 거룩하신 자를 아는 것이 명철이니라."고 하였다. '여호와'와 '거룩하신 자'가 여기에서 동격으로 쓰였다. 여호와는 거룩하시다. '거룩하다'라는 말은 '구별되었다'는 것이며 이 세상의 것과 구별된 상태를 말한다. 이 세상의 사조와 문화, 관습에서 구별된 것이다. 이 세상은 도전과 성취와 정복을 강조하지만 하나님은 '두려워하라'고 하신다. 하나님은 거룩하시기 때문이다. 하나님을 두려워하는 것이 유익한 것이며, 그것이 성도의 자세이며 본분이다.

잠 9:13-18

◇

유혹의 사슬을 피하라

미련한 여인이 떠들며 어리석어서 아무것도 알지 못하고 자기 집 문에 앉으
며 성읍 높은 곳에 있는 자리에 앉아서 자기 길을 바로 가는 행인들을 불러
이르되 어리석은 자는 이리로 돌이키라 또 지혜 없는 자에게 이르기를 도둑
질한 물이 달고 몰래 먹는 떡이 맛이 있다 하는도다 오직 그 어리석은 자는
죽은 자들이 거기 있는 것과 그의 객들이 스올 깊은 곳에 있는 것을 알지 못
하느니라

본 절에서부터 18절까지는 1-6절에 언급된 지혜의 초청과는 극명한 대조를 이루는 대응으로 소위 '미련함'의 초청을 언급하고 있다.

유혹Temptation(히브리어로 'מַסָּה(마싸흐)' 그리스어로 πειρασμός)은 신앙에서 떠나게 하기 위해, 또는 죄에 빠뜨리기 위해 꾀는 일, 즉 악의 유인을 말한다. 히브리어 및 그리스 원어는 신약에는 그리스어 명사(페이라스모스)가 시련으로 혹은 유혹으로 번역된다. 그리고 '죄로 이끄는 경우'엔 유혹으로 번역하고, '연단으로 이끄는 경우'에는 시련으로 번역한다.

시험 받는 일 그 자체가 죄는 아니지만 그것에 의지가 자유롭게 동의할 때 비로소 죄가 된다. 유혹에 자기를 처하게 하거나 의식적으로 유혹을 부르는 것은 용서되지 않는다.

깊은 물속의 물고기는 좀처럼 잡기가 쉽지 않다. 그러나 물고기도 향기로운 미끼를 찾아 올라오다 보면 낚시에 걸려 죽는다. 사람도 마찬가지다. 사회적 명성이나 학식이 있는 사람들도 하루아침에 몰락하는 일이 종종 있다. 그것은 눈앞의 사사로운 이익에 매달리거나, 아니면 아첨하는 사람에게 현혹되거나, 아니면 자기의 잔재주를 의지하다가 자신도 모르는 사이에 망해 버리기 때문이다. 그만큼 인간은 약하고 어리석은 존재다. 자신의 약함을 알고 유혹을 미리 경계하는 사람이 강한 자요, 지혜로운 사람이다.

13절 | 미련한 여인이 떠들며 어리석어서[1] 아무것도 알지 못하고

1. '어리석어서'(פְּתַיּוּת : 페타유트) : 신중함과 이해력과 통찰력이 결여된 자를 말한다. 어리석은 자의 특징은 아무것도 알지 못한다는 데 있다. 아무것도 알지 못한다는 것은 지식이 결여되어 있다는 것을 의미한다.

미련함은 음녀의 모습으로 나타난다. '미련한 여인'은 문자적으로는 '미련함의 계집'이다. 앞에서 지혜를 의인화시킨 것처럼 미련함을 의인화시키기 위한 표현으로, 미련한 여인 곧 음녀의 어리석은 실체가 뭔지를 보여준다. '떠들며'라는 표현은 지혜 있는 자의 사려 깊고 신중한 모습과 극명한 대조를 이루는 모습으로, 무지한 자의 소란스럽고

천박함을 강조하는 표현이다.

앞에서 '지혜'가 의인화되었듯이(1-6절) '어리석음'도 여인으로 의인화되었다. 또한 앞에서 '지혜'가 여성 복수형으로 나타난 것같이(1절) '어리석음'도 여성 복수형으로 나타나 둘 다 추상화되고 있다. '미련한 여인'에서 '여인'이란 용어는 잠언에서 주로 긍정적 의미로 사용되지만(잠 14:1, 31:10) 여기서는 부정적으로 쓰였다. 이 단어는 가끔 '창녀'를 가리킬 때 사용되며 '미련함'과 연관되어 사용될 수도 있다(수 2:1; 호 1:2).

'미련한 여인'의 가장 큰 특징은 소란스러움이다(잠 7:11). 원문은 '그는 소음이다'로 시끄럽게 떠들고 있는 모습을 잘 부각시킨다. '소란스러움'은 주로 바다와 파도에 적용되며, '으르렁 거린다'는 뜻을 나타내기도 한다(사 17:12, 51:15; 렘 5:22, 6:23, 31:35, 50:42, 51:55; 시 46:4). 또한 개(시 59:7, 15)와 곰(사 59:11)이 짖는 것을 묘사할 때도 사용된다.

미련한 여인은 그 자신이 어리석고(잠 9:13), 아무것도 알지 못한다. 즉 그는 자신이 뭘 모르고 있는지조차 모른다(잠 5:6 참조). 물론 '무지'는 지적인 것이 아니라 도덕적인 것이다. 그는 자신의 본능대로 사는 것에 대해서는 잘 알고 있다. 잠언의 앞부분에서는 이 여인이 가져올 치명적인 위험이 강조되었으나(잠 2:16-19, 5:3-6, 6:24, 7:21) 여기에서는 무지가 부각되고 있다.

14절 | **자기 집[1] 문에 앉으며 성읍 높은 곳에 있는 자리에 앉아서**

1. '자기 집'(בֵּיתָהּ : 베타흐) : 우매함은 '자기 집'을 유혹의 장소로 사용하는데, 지혜가 사람들을 생명의 길로 인도하기 위한 초대의 장소로 사용하

> 는 것과 대조적이다. 미련한 여인, 즉 우매함은 지혜 여인을 모방하여 성읍 높은 자리에 앉아 사람들을 부른다.

3절에서 '지혜'가 그의 여종을 보내고 또한 자신이 성중 높은 곳에서 사람들에게 말하는 모습을 미련한 자가 흉내 내고 있다. 이는 사탄이 빛의 사자로 가장하는 것과 일맥상통한다. 그러나 실상 미련한 자의 속에는 진리가 없이 거짓만 있고, 그의 집은 일곱 기둥으로 받쳐지지도 않고, 그는 하나님께서 주시는 생명과 은총도 없어 곧 무너진다.

그러므로 미련한 자의 말에 귀 기울이는 자는 아무것도 얻지 못하고 오히려 죄악 중에 빠진다. 미련한 자는 아무리 높은 곳에서 외쳐도 지혜와 같이 참된 존귀를 얻지 못하고, 결국 수치만을 당할 뿐이다.

앞의 7장에서 음녀는 어둠 속에서 젊은이를 유혹하는 꽃뱀으로 등장했지만 여기에서 그는 공적인 장소에 자신의 모습을 드러내며 대중들에게 자신의 매력을 뽐내고 있다. 그는 자신의 집 문 앞에 등장하는데, 그곳은 바로 성읍 높은 곳에 있는 자리이다. 여기에서 '자리'는 대부분 영광의 자리로서 '보좌'를 가리키며, '하나님의 보좌'와 '왕의 보좌'를 가리킬 때 사용된다. 따라서 잠언에서도 '보좌나 자리'에 앉는 것은 영광스러운 자리에 앉는 것을 뜻한다(잠 16:12, 20:8, 25:5, 29:14). 즉 그는 권위의 자리에 앉아 있으며, 그 자리는 성읍의 높은 곳에 위치하고 있는 것이다. 그는 많은 대중의 이목을 그에게 집중시키며, 자신의 영향력을 행사하고자 한다.

요약하자면, 미련한 여인은 지혜와 분명히 경쟁한다. 그러나 그는 지혜와 달리 사람들을 초대하기 위한 아무런 준비도 없고, 일도 없고,

잔칫상도 없고, 시녀를 보내는 일도 없이 그냥 앉아만 있다. 지혜의 동작과 미련한 여인의 빈둥댐이 강한 대조를 보인다.

15절 **자기 길을 바로 가는[1] 행인들을 불러 이르되**

1. '바로 가는'(הַמְיַשְּׁרִים: 하므야쉐림) : '평탄하다', '곧다', '바르다'의 뜻을 가진 동사 '야샤르(יָשַׁר)'의 남성 복수형에 정관사 '하(הַ)'가 결합된 형태로 '바로 가고 있는 자들'이라는 뜻이다. 우매 여인은 자기만 멸망하지 않고 하나님의 뜻을 따라 바르게 살아가고자 하는 의로운 남자들을 넘어트리려 한다.

본 절이 의미하는 바에 대해서는 첫 번째, 지혜의 권고에 따라 바른 삶을 사는 자를 가리킨다는 견해와 두 번째, 자기가 세운 계획에 따라 행하는 자를 가리킨다는 견해가 있는데, 다음 절에 비추어보면 두 번째 견해가 합당하다고 보인다.

드디어 미련한 여인도 입을 열고 지나가는 사람들을 부른다. 그도 지혜처럼 사람들을 부르는 것이다(3절). 그러나 지혜와 달리 '자기 길을 바로 가는 사람'을 부른다. 여기 '바른 길'은 대부분의 경우 윤리적이고 도덕적으로 사용된다(시 119:128; 잠 2:13, 3:6, 9:15, 15:19; 사 26:7). 사실 그들은 음녀의 초대가 필요 없었지만 그들이 참으로 바른 길을 끝까지 갈 것인가에 대해 시험 받고 있다.

16절 **어리석은 자는 이리로 돌이키라**
또 지혜 없는 자에게 이르기를

미련함 역시 지혜와 동일한 말을 사용하여 어리석은 자를 초청한다. 그러나 초청의 내용과 결과는 지혜와 정반대이다. 지혜는 사람을 의와 생명으로 인도하나 미련함은 악과 멸망으로 인도한다.

미련한 여인은 '어리석은 자는 이리로 돌이키라'고 말하며 지혜가 초대하는 대상과 동일한 대상에게 동일한 메시지를 전하고 있다. 그는 또한 지혜처럼 '지혜 없는 자'를 부르고 있다.

17절 **도둑질한 물[1]이 달고 몰래 먹는 떡이 맛이 있다 하는도다**

1. '물'(מַיִם : 마임) : 물에 대한 은유는 본서에서 성적인 것과 관련하여 사용되었는데, 지혜자는 젊은이들에게 자신의 우물에서 물을 마시며 자기의 샘에서 흐르는 물을 마시라고 명한다.

미련함이 초청하는 내용이다. 본 절은 지혜와 미련함의 결정적인 차이를 보여주는데, 초대의 내용이 근본적으로 다르다. 그는 지혜의 초대를 비틀고 있다. 지혜는 '내 식물을 먹고 내 포도주를 마시라'고 하였는데, 미련한 여인은 '도둑질한 물이 달고 몰래 먹는 떡이 맛있다'고 한다. 즉 먹고 마시는 순서를 뒤집고 있다. 또한 그는 어리석은 자들을 유혹하기 위해 여인처럼 세련되고 고상한 성찬(盛饌) 언어를 사용하는 대신 아주 통속적이고 원색적인 속담을 사용한다.

두 여인의 초대에는 언어적 차이뿐 아니라 잔치의 내용에서도 큰 차이가 있다. 지혜는 자신이 짐승을 잡아 요리하였기 때문에 자신의 포도주를 준비하였지만(5절), 미련한 여인은 물 밖에 줄 것이 없었다. 게다가 훔친 것이 좋다고 말한다.

'훔치다'는 성적인 만족을 의미한다(잠 2:17, 5:9, 6:30-35, 7:19). 금지된 성관계가 달콤한 이유는 그것이 금지되었기 때문이다. '떡을 먹다'도 성적인 관계를 뜻한다(잠 30:20). 그리고 '몰래 먹다'는 '도둑질하다'를 암시하며 은밀한 죄악을 즐기는 것을 말한다(잠 7:19-20).

지혜자는 본 절을 통해 하나님의 율법을 어기고 불륜 관계를 통해 얻는 성적 쾌락을 즐거워하는 음녀의 본성을 부각시킨다. 지혜가 사람에게 의와 공평을 교훈하는 것과 달리 미련함은 죄와 타락의 길로 사람을 유혹한다는 것을 여실히 드러낸다.

18절 | **오직 그 어리석은 자는 죽은 자들이 거기 있는 것과**
그의 객들이 스올 깊은 곳에 있는 것을 알지 못하느니라

지혜를 얻지 못한 어리석은 자가 맞이할 수밖에 없는 비참한 결과를 제시하고 있다. 특히 본 절은 어리석은 자는 다가올 비극적인 결과를 생각지 못하고 계속 악을 행함으로써 하나님의 진노를 더욱 촉발시킨다는 것을 시사하고 있는데, 이는 죄악이 결국에는 사람의 양심뿐만 아니라 판단 능력까지 완전히 마비시켜 무서운 파멸을 초래한다는 것을 극단적으로 보여주고 있다.

17절에서 우매는 '달고 맛있다'고 유혹했지만 그것은 '죽음의 양식' 이었다. 이리하여 '죽음'과 '음부'가 여기에 등장한다.

본 절의 아이러니는 어리석은 자들이 알지 못하는 데 있다. 지혜의 초대를 받아들인 자들은 지혜와 생명의 잔치에 동참하였기 때문에 미련한 여인의 초대를 받아들인 어리석은 자들의 비극이 깊어진다. 왜냐하면 그들은 결국 그들의 어리석음을 끝까지 고집했으며, 변화를 거부했고, 도둑질의 결과와 간음의 결과가 동일할 수밖에 없음을 무시하였기 때문이다.

'스올 깊은 곳', 즉 음부 깊은 곳의 이미지는 음부에서도 가장 깊은 곳(복수형)이다. 이 '계곡, 골짜기'는 이중적 의미를 가진다. 즉 음녀가 음부이며 음녀와의 관계가 바로 지옥 가장 깊은 곳에 자리를 까는 행동임을 보여주는 것이다.

한 번 더 생각하기

본문은 음녀의 유혹에 대한 내용이다. 인류에게는 하나님의 구원 초청이 있는가 하면 다른 한편 악마의 사자들의 미혹도 쉬지 않고 있다.

> 떠들며 완악하며 그의 발이 집에 머물지 아니하여(잠 7:11)

이는 사람에게 유혹의 그물을 쳐 놓고 기다리는 음녀의 유혹 행위다. 그녀의 목적은 감각적이고 정욕적인 본능으로 떠들면서 때와 장소를 가리지 않고 영혼을 사냥하는 것이다. 창녀들은 떠들며, 파렴치하게 유혹할 자들을 찾아다닌다. 삼킬 자를 찾아 골목에서 엿본다. 사탄은 결코 우리가 싸움 없이 새 땅에 들어가도록 놔두지 않으며 우리가 하나님 나라를 확장할 때마다 우리와 대적할 것이다.

우리는 고난에서 벗어나기 위해 믿음을 사용하는 실수를 자주 범한다. 하지만 신앙의 목표는 단지 환난을 면하는 것이 아니라 고난과 맞서 싸워 이기는 것이다. 만약 우리가 전혀 고난을 당하지 않는다면 믿음이 무슨 소용이 있겠는가? 당면한 문제로부터 도망치고 싶은 유혹은 계속되지만 그 고난을 견디어야 한다.

감사한 것은 하나님께서 우리가 고난을 홀로 감당하지 않도록 약속해주셨다는 것이다. 하나님께서는 우리를 돕기 위해 늘 이렇게 말씀하신다.

"두려워 말라! 내가 너와 함께 하리라."

매일 우리는 굳게 서서 사탄을 물리쳐야 한다. 역경 중에도 흔들리지 않는 것을 배워야 한다. 우리가 항복할 기세를 보이지 않는다면 사탄은 곧 물러날 것이다.

음녀들을 따르는 자는 어리석어서 음녀들과 함께 지옥으로 들어갈 것이다. 미련한 여인이 자기 길을 바로 가는 행인을 부른다고 한 것처럼 사탄은 하나님이 택하신 자라도 미혹하려 한다. 서 있는 줄로 생각하는 사람도 늘 깨어서 넘어질까 조심해야 한다(고전 10:12).

잠언 10장

의인과 악인의 근본적 차이점

너는 전략으로 싸우라 승리는 지략이 많음에 있느니라(잠 24:6절)

한 사람이 옳고 그름에 관한 성경의 높은 관점을 다 이해할 필요는 없다. 대통령에게는 내각이 있고, 회사에는 이사회가 있듯이 다른 사람들을 통해 최선의 조언을 얻을 수 있다.

우리가 삶의 어려운 고비에 이르게 될 때 하나님께 조언의 말씀을 얻기를 원할 때가 있다. 나는 사람들이 이렇게 말하는 것을 무수히 많이 들었다.

"저는 하나님이 글로 혹은 꿈으로, 또 그 외의 다른 방법으로 제게 뭔가 말씀해 주셨으면 좋겠어요."

하나님은 개별적으로 다가오셔서 어느 학교에 가야 할지, 어떤 차를 사야 할지에 대해 말씀해 주지는 않으시지만 우리를 인도해 줄 수 있는 많은 진리를 이미 우리에게 주셨다. 성경은 하나님이 주신 상담자로 우리에게 최고의 조언을 선사한다. 우리가 할 일은 할 수 있는 한 그 말씀을 배우며, 그 말씀 가운데서 모든 것을 행하기 위해 노력하는 것이다. 하나님의 뜻이 우리 삶 속에 온전히 나타나기를 원할 때 그분은 분명 그 상황 가운데 세워 놓으신 뜻으로 우리를 인도해 주실 것이다.

잠언은 삶의 모든 상황에 대해서 구체적인 설명을 해준다. 이 단락에서 솔로몬은 지혜로운 사람들과 함께하고, 그들의 말에 귀를 기울이라고 독려한다. 하나님은 그러한 방법을 통해 우리를 인도하신다고 약속하신다.

잠 10:1-8

◇

대조적인 두 부류의 사람

솔로몬의 잠언이라 지혜로운 아들은 아비를 기쁘게 하거니와 미련한 아들은 어미의 근심이니라 불의의 재물은 무익하여도 공의는 죽음에서 건지느니라 여호와께서 의인의 영혼은 주리지 않게 하시나 악인의 소욕은 물리치시느니라 손을 게으르게 놀리는 자는 가난하게 되고 손이 부지런한 자는 부하게 되느니라 여름에 거두는 자는 지혜로운 아들이나 추수 때에 자는 자는 부끄러움을 끼치는 아들이니라 의인의 머리에는 복이 임하나 악인의 입은 독을 머금었느니라 의인을 기념할 때에는 칭찬하거니와 악인의 이름은 썩게 되느니라 마음이 지혜로운 자는 계명을 받거니와 입이 미련한 자는 멸망하리라

잠언의 편집자는 의도적으로 '솔로몬의 잠언'(10:1-22:16)을 '잠언의 서문'(1-9장)과 '히스기야의 신하들이 편집한 솔로몬의 잠언'(25-29장) 사이에 둠으로써, 현재의 단락을 어떻게 읽을 것인가에 대한 시각을 형성해 주고 있다. 문학적 형식으로 볼 때, 여기의 거대 단락은 앞(1-9장)에 빈번하게 나오는 내러티브 형식과 달리 대구를 이루는 짧은 금언 형식으로 나타나며, 내용에 있어서도 '지혜로운 아들'과 '어리석은 아들'

을 다양한 삶의 정황에서 대비하고 있다. 결국 1-9장에 있는 '유신론적' 관점과 '지혜와 어리석음의 대비'라는 관점에서 여기의 금언들을 읽도록 만들고 있다.

제1-9장은 제10장에서부터 시작되는 일련의 잠언들의 서곡으로, 통일된 주제 곧 지혜의 위대함을 드러내고 그러한 지혜를 지속적으로 추구할 것을 촉구하는 솔로몬의 교훈을 소개했다. 이어지는 10장 1절부터 22장 16절은 여러 주제들로 구성된 솔로몬의 잠언들을 기록했다. 이 부분에서는 대구법과 다양한 비유적 예증들을 통해 지혜자와 우매자의 특징과 그들에게 다가오는 결과 등을 어떤 주제와 논리의 연결 없이 단상적으로 서술해 나간다. 그중에서도 본 장은 특히 두 가지의 서로 상반된 것을 선택한 결과에 대해 언급한다.

1절 **솔로몬의 잠언이라 지혜로운 아들은 아비를 기쁘게 하거니와 미련한 아들은 어미의 근심이니라**

'솔로몬의 잠언'이라는 표현은 1장 1절에 이어 두 번째로 언급된다. 본 절은 현재의 거대 단락을 역사적인 솔로몬의 문학적 업적과 밀접하게 연결시키고 있다. 따라서 이 단락을 잠언에서 가장 오래된 모음집으로 본다.

10장 1절에는 잠언의 서문(1-9장)에서와 같이 '부모'와 '아들'이 나타나며, 여기에서 아들은 '지혜로운 아들'과 '미련한 아들'로 대비된다. 서문에서와 같이 지혜로운 아들은 가정의 전통을 잘 받아들이는 자이며, 미련한 아들은 부모의 가르침을 거부하고 일확천금(잠 1:10-18)과 값싼 성적 쾌락을 찾아(잠 2:15-22) 패가망신할 것을 말한다.

본 절은 반의적 평행법으로 제시되고 있다. 즉 '부모에게 기쁨'을 주는 아들과 '근심'을 가져오는 아들이 대비된다. 잠언에서 '지혜로운 아들'은 늘 '아버지'에게 기쁨을 주며(잠 10:1, 15:20, 17:21, 23:24, 29:3), '어리석은 아들'은 아버지에게 슬픔을 가져온다(잠 14:13, 17:21). 특히 본 절에서는 어리석은 아들이 '어머니'에게 슬픔을 가져오는 점이 부각되고 있다.

이것은 15장 20절, 17장 25절, 23장 25절과 동일한 의미를 가진 교훈이다. 고대 근동의 전통에서 후손의 번성은 사람이 누릴 가장 큰 복락 중 하나였고, 특히 뛰어난 자의 선조의 반열에 들어가는 것은 큰 영광이었다(잠 17:6). 그러므로 지혜로운 아들은 그 부모의 기쁨과 자랑거리가 되는 반면 미련한 아들은 부모의 큰 수치가 되었다. 본 절은 바로 이와 같은 사상을 반영한 것이다.

한편 제9장까지 언급된 '아비'나 '어미'가 혈연관계에 있는 가까운 친척이나 혹은 교훈자까지도 포괄하는 상징적 의미로 사용된 것과는 달리, 본 절에서는 '아비'와 '어미'가 단순히 혈연적 의미의 부모를 나타내는 말로 사용되었다. 또한 아비와 어미가 동시에 쓰인 것은 단어의 중복을 피하고 대구적 문장을 만들기 위한 의도적인 표현기법으로 볼 수 있다.

> 지혜로운 아들은 아버지(와 어머니)를 기쁘게 하지만
> 미련한 아들은 어머니(와 아버지)의 근심거리이다.

문장의 구조를 보면 첫 행은 동사 문장이며, 두 번째 행은 명사 문장이다. 즉 자식이 어리석을 때 부모가 느끼는 고통은 한 번으로 끝나지 않고 지속된다는 것이다.

미련한 자녀는 부모의 골칫거리이다. 본 절은 자녀가 어떻게 자랐는지에 따라 부모가 어떤 심리적 변화를 경험할 것인지 직접적으로 말하는 동시에 부모가 자식을 어릴 때부터 신앙적으로, 윤리적으로, 지적으로 잘 길러야 함을 간접적으로 말하고 있다(잠 4:1-9).

2절 | **불의의 재물은 무익하여도 공의[1]는 죽음에서 건지느니라**

1. '의'는 단순한 도덕적 의로움을 넘어 구제할 수 있는 너그러움과 관대함을 가리킨다.

불의한 방법으로 모은 재물은 한순간의 즐거움을 가져다주지만 그로 인해 남들의 원망과 하나님의 저주를 받게 되며, 결국 그 소유주를 파멸로 이끌고 만다. 그러나 정직과 공의로 사람들을 대하며 다른 사람으로부터 남들의 존경과 신뢰를 받는 사람은 그가 위급하게 될 때 남들의 적극적인 도움을 통해 위험에서 생명을 보존할 뿐만 아니라 하나님의 은총을 힘입어 마침내 영생을 소유하게 된다(딤전 6:19).

잠언 전체의 서문에서와 같이(잠 1:10-19), 지혜자는 아들에게 다시 한 번 더 불의의 재물과 악인의 탐욕을 경계하고 있다. '불의의 재물'에서 재물은 보물이며(렘 15:13, 17:13), 큰 재산(말 3:10; 느 10:39)을 뜻한다. '재물이 무익하다'는 주제는 지혜문학과 예언문학에서 빈번하게 나타난다(잠 11:4; 사 30:5, 48:17; 렘 12:13).

어떤 점에서 재물이 무익한가? 후반절에 나오는 '죽음'은 전반절의 빈자리를 채워 준다. 즉 불의의 재물은 죽음 앞에서 무익하다. 그러나 '의'는 죽음의 자리에서 (의인을) 건져줄 것이다. 즉 의인은 온갖 어려운 역경에서도 살아남는다(시 33:18-19; 렘 49:4-5).

3절 여호와께서 의인의 영혼은 주리지[1] 않게 하시나
악인의 소욕은 물리치시느니라

1. '주리다'(רָעֵב: 라에브) : 인간의 배고픔을 나타내는 동사로서 하나님은 인간의 굶주림을 주관하시는 분으로 묘사되며, 지혜문학에서는 굶주림이 게으름으로 나타나기도 한다.

하나님은 본질상 절대적으로 선하고 공의로우시기 때문에 악을 미워하시고 의를 사랑하신다. 하나님은 의인의 일생뿐 아니라 그 자손도 돌보시나(시 37:25) 악인의 행사는 다 멸하신다(시 145:20). 사람이 하나님으로부터 축복 받는 참된 비결은 스스로의 마음을 굳게 하여 악을 행치 않고, 항상 정직과 공의를 행하는 의로운 생활에 있다.

앞 절에서는 지혜의 윤리적 차원이, 본 절에서는 지혜의 신앙적 차원이 제시된다. 하나님이 나타나며, 왜 의인이 죽음에서도 건짐을 받을 수 있는지 그 신학적 근거를 제시하고 있다. 그것은 바로 하나님께서 의인의 영혼이 굶주리도록 허락하지 않으신다는 것이다. 즉 의인을 '굶주림'이라는 극한 상황에 살도록 방관하지 않는 정도가 아니라 풍

성한 삶을 살도록 인도하실 것을 말씀하신다.

그러나 하나님은 악인에 대해서는 의인과 달리 대하실 것이다. 악인의 탐욕은 단호하게 물리치실 것이다. 악인은 욕심을 끝도 없이 부리며 자신의 욕망을 채우기 위하여 모든 방법을 다 동원한다(잠 2:22, 3:25, 11:6). 그러나 주님께서는 음부처럼 끝없이 펼쳐지는 그들의 욕망을 물리치실 것이다(겔 34:21).

물론 이 절에 근거해 경제적 · 사회적 현실이 하나님과 우리 관계의 지표가 되는 것으로 생각하면 안 된다. 이 점에 대해서는 욥기와 전도서가 우리에게 충분한 예증을 제시해 준다. 한 신학자는 이에 대해서 "잠언은 약속이 아니며 일반적으로 진실된 원칙이다."라고 말했다.

**4절 | 손을 게으르게 놀리는 자는 가난하게 되고
손이 부지런한 자는 부하게 되느니라**

4절과 5절은 지혜의 실천적 차원을 노동과 연결하여 제시한다. 즉 지혜는 부지런함과 근면과 절제와 장래에 대한 준비 등의 차원에서 꽃을 피워야 한다.

4절에서는 '손의 게으름'과 '가난', '손의 부지런함'과 '부'를 연결하고 있다. 즉 6장 6절, 12장 27절과 동일한 의미의 교훈으로 근면한 생활을 권면하는 내용이다.

본 절의 '손바닥'과 '손'은 대구를 이룬다. 전자는 손목에서 손가락 끝까지를 포함하며, 후자는 팔꿈치에서 손가락 끝까지를 포함하는 팔

뚝으로 자주 사용된다(출 17:11; 사 49:2; 렘 38:12; 아 5:15). 한글 성경으로는 구분이 안 되나 실은 상반절의 '손'은 '열려 있는 느슨한 손'이나 '손바닥'을 가리키는 말로 아무 일도 하지 않으려는 게으름을 상징하는 반면, 하반절의 '손'은 정력적인 활동을 위해 팽팽하게 긴장된 손을 가리키는 말로 근면함의 상징으로 사용되었다.

이 두 단어는 히브리 시에서 자주 함께 나타나며(시 18:1, 71:4; 잠 10:4, 31:19; 아 5:5), '근면성'의 정도를 말하는 것과 함께 사용된다. 즉 '손이 게으른 사람'은 '게으른 사람'이며, '손이 부지런한 사람'은 '부지런한 사람'이다. '게으르다'는 '속이다'(시 78:57; 호 7:6), '부주의하다, 태만하다'(잠 12:24, 19:15)는 뜻이다.

이와는 대조적으로 '부지런하다'는 지속적이고 심사숙고하며 열심을 낸다(잠 12:24, 27, 13:4, 21:5). 잠언에서 게으름과 가난, 부지런함과 부는 빈번하게 연결된다(잠 6:6-11, 12:24, 27, 13:4, 15:19).

5절 | 여름에 거두는 자는 지혜로운 아들이나
추수 때에 자는 자[1]는 부끄러움을 끼치는 아들이니라

1. '자는 자'(נִרְדָּם: 니르담) : '라담(רדם)'의 분사형으로 '라담(רדם)'은 깊이 잠드는 행위를 말한다. 이 동사는 본 절에서 '거두는 자(אֹגֵר: 오게르)'와 대조를 이루며, 깊이 잠들어 있는 상태가 지속되고 있음을 말한다. 깊이 잠들어 있다는 것은 무기력한 상태를 나타낸다.

지혜로운 자는 일해야 할 때 놀지 않고 부지런히 일함으로 미래를

대비하지만, 어리석은 자는 마땅히 일해야 할 때 놀고 일하지 않음으로 가난을 면치 못할 뿐만 아니라 그로 인해 다른 사람들로부터 수치와 조롱을 받는다는 말을 하고 있다. 즉 부지런하고 근면한 생활이 사람의 풍요와 번영을 보장해 주는 유일한 방법이라는 교훈인 것이다.

지혜로운 아들은 부지런하여 계절을 따라 무엇을 해야 하는지 통찰력이 있지만, 어리석은 자는 상황 파악이 되지 않아 게으르기 때문에 추수할 때에 거둘 것이 없다. '여름'은 뒤의 '추수 때'와 동일한 어원에서 파생한 단어이다. 팔레스타인에서는 '여름'에도 보리와 밀 등을 추수하기 때문에, 이 단어는 '여름'(슥 14:8; 잠 6:8, 26:1, 30:25)도 되고, '여름 과일'(삼하 16:1; 사 16:9; 렘 40:10, 12)과 '여름 추수'도 된다(사 28:4; 렘 8:20). 또한 '여름'은 '추수'와 발음이 비슷하며, 1-2행을 잘 연결해준다. 어떤 추수이든지 제 계절에 거둘 수 있는(신 28:3; 잠 6:8) 아들은 분명히 지혜로운 아들이다(팔레스타인의 추수기는 태양력으로 4-5월경에 속한다).

후반절에는 추수 때에 잠자는 아들이 등장한다. '추수 때'는 분명히 온 집안사람들과 동네 사람들이 힘을 합하여 곡식을 거두는 긴박한 때이며 추수의 기쁨을 함께 나누는 때인데, 그는 잠을 자고 있다. 그의 잠은 너무나 깊고 중독성이 강해 모든 사람이 바쁘게 움직일 때에도 일어날 힘이 없다. 이런 사람이 사람대접 받기란 어려운 일일 것이다.

6절 | 의인의 머리에는 복이 임하나 악인의 입은 독을 머금었느니라

의로운 자는 항상 남을 선대하고 정직한 것만을 생각하고 행함으로 자신의 행한 대로 축복이 돌아오지만, 평소에 거짓말을 일삼고 남을 해하며 포악한 말만 하는 악인은 자신이 행한 모든 악한 행위의 결과가 자신에게 돌아와 그것이 자기에게 독과 같이 치명적인 결과를 초래한다는 교훈이다. 즉 본 절은 지혜를 얻은 자와 지혜를 얻지 못한 자가 각기 행동에 따라 맞이할 상이한 결과를 부각시키는 대조적 표현인 것이다.

전반절의 '의인의 머리에 복이 임하는 것'과 후반절의 '악인의 입에 독이 있는 모습'은 얼른 보기에 좋은 대구를 이루는 것 같지 않다. 그러나 좀 더 자세히 보면 이 두 행 사이에는 상당히 멋있는 대구가 이루어지고 있다.

먼저 전반절에서 '의인의 머리에는 복이 임한다'는 히브리어 숙어로서 '하나님께서 의인에게 온갖 복을 다 주신다'는 뜻을 갖고 있다(창 49:26; 대상 12:3; 시 21:3; 잠 10:6, 11:26). 물론 사람도 복을 베풀 수 있으며(잠 11:25), 족장(창 27:7), 제사장(레 9:23; 민 6:23-26), 왕(삼하 6:18)은 복을 중재해 주는 역할을 하지만, 주님께서 친히 의인에게 주권적으로 복을 베풀어 주신다는 의미이다.

후반절에서 악인의 입에 있는 '독'은 기본적으로 '폭력'이며, '머금다'는 '덮다, 감추다'(욥 16:18 등)와 보다 협소한 의미로 '채우다'(사 60:2; 겔 30:18; 합 2:17; 렘 3:25)라는 두 가지 의미가 있는데, 여기에서는 두 번째 뜻이 더 잘 어울린다. 즉 악인의 입에는 폭력적인 말이 가득하다는 뜻이다.

본 절은 사람들이 의인에 대해서는 입으로 축복을 넘치게 빌어 주지만, 이와 대조적으로 악인의 입에서는 저주가 쏟아져 나오고 있는 현상을 표현한다. 따라서 의인의 머리에 저주를 부을 수 없고, 악인의 입에 축복이 가득할 수 없다는 말도 성립될 것이다.

7절 **의인을 기념할 때에는 칭찬하거니와**
악인의 이름은 썩게[1] 되느니라

1. '썩다'(רָקַב : 라카브) : 물질이 부패하여 못쓰게 되는 것을 뜻하는 동사이다. 그러므로 악인의 이름이 썩는다는 것은 악인의 행위가 칭송 받지 못하고 아무 쓸모없이 내버려지는 것, 즉 영원히 사라지는 것을 의미한다.

6절이 의인과 악인의 현재적 삶의 결과를 언급한 데 반해 본 절은 의인과 악인에 대한 사후의 평가에 대해 언급한다. 사람의 행실은 이 땅에서 사는 동안만이 아니라 죽은 후에도 사람들에 의해 평가받게 된다. 그러므로 의인은 죽어서도 후손들에게 영광을 남기고 자신도 영원히 존경받으나, 악인은 후손에게 부끄러움을 남기고 자신도 영원한 저주의 대상이 된다. 따라서 행동할 때 지금 그것이 나에게 유익한지 뿐만이 아니라 후대의 사람들이 자신에게 내릴 판단을 고려하는 지혜로운 자세가 반드시 필요한 것이다.

앞 절에 나온 '의인이 받을 복'과 '악인의 입에 가득한 폭력적인 말'의 대조는 이 절에도 이어지며, 의인과 악인이 후세에 어떻게 기억될 것인가를 대비하고 있다.

전반절은 사람들이 의인을 기억할 때 칭찬하는 모습을 제시한다. 칭찬은 단지 그에 대해 좋게 말해 주는 것 정도가 아니라 "당신이 그 사람처럼 복 받기 원합니다."라는 기원의 말이다. 즉 의인을 기억하면서 축복을 기원하는 모습이 배경에 담겨져 있는 것이다.

이와 대조적으로 후반절에서 '악인의 이름은 썩으리라'는 표현은 의외이다. '이름이 썩다'는 마치 나무나 식물이 썩어서 없어지는 것 같이(사 40:20; 호 5:12), 악인이 죽은 후에 그의 이름이 완전히 잊혀지는 것을 말한다. 이름이 기억되지 않는다는 것은 인생의 비애 가운데 가장 심한 것이다(전 1:11, 2:16, 9:5, 15). 이 구절의 배경에는 하나님께서 악인에 대한 기억을 없애 버린다는 구약의 사상이 담겨 있다(시 9:6, 34:16, 109:15). '썩을 것이다'가 문장 끝에 나타나는 것이 흥미롭다. 그의 입에 폭력과 저주가 가득하였지만 그에 대한 기억은 모든 사람에게서 결국 사라질 것이다.

8절 | 마음이 지혜로운 자는 계명을 받거니와
입이 미련한 자는 멸망하리라

'계명'은 사람이 하나님 앞에서 마땅히 지켜야 할 규례나 율법 곧 지혜의 교훈을 말한다. '입이 미련한 자'란 지혜자의 말을 경청하기보다는 무익한 자랑과 교만한 말만 하며 지혜의 교훈을 배척하는 어리석은 자를 가리킨다. 실로 마음이 지혜로운 자는 교만하지도 무익한 자랑도 않고 지혜의 훈계를 순종함으로 생명과 축복을 받게 되나, 미련한 자는 그 자신이 선택한 교만과 불순종으로 인해 저주와 멸망을 받게 된다.

이 절의 첫 행에서 '마음이 지혜로운 사람'은 '스스로 지혜롭게 여기는 사람'(잠 3:7)과 대조되며, 그는 스승이나 부모의 가르침이 절실하게 필요한 줄 알고 그들의 '명령'을 잘 받아들이는 사람이다(잠 9:9). 왜냐하면 그는 자신이 더욱 성숙하고 완성되어 가야 할 것을 잘 알고 있기 때문이다.

더 나아가 '마음이 지혜로운 사람'은 둘째 행의 '입이 미련한 사람'과 대조된다. 마음이 지혜로운 것은 내적이어서 보이지 않지만, '입술'은 외적인 것이어서 잘 드러난다. 입술이 미련한 자는 언어생활에서 훈련되지 않았기 때문에 스스로 멸망을 자초한다.

한 번 더 생각하기

보통 의로운 사람은 의식주를 문제 삼지 않는다. 왜냐하면 세상 사람들이 악할지라도 그들 중에는 의인을 영접하는 사람들이 끊어지지 않기 때문이다. 이와 반대로 악인은 재물을 저축해가면서 욕심을 부리지만 그들의 재물은 결국 그들의 올무가 되고 만다. 왜냐하면 하나님이 그들을 심판하시기 때문이다.

그러므로 기회를 잃지 않고 부지런하게 일하는 자가 성공하는 이유는 하나님께서 일하는 자와 함께하셔서 축복하시기 때문이다. 모세는 양을 치다가 소명을 받았고, 기드온은 타작마당에서 소명을 받았다(출

3:1-2; 삿 6:11-12).

의인은 흥하고 악인은 망하고 만다는 것이 잠언 9장까지의 일반적인 원칙이다. 잠언 10-15장은 의인과 악인의 실제적인 삶의 모습을 대조시키고 있다. 의인과 악인, 지혜로움과 어리석음, 부지런함과 게으름의 대조와 언어생활의 대조이다. 잠언을 통해 하나님이 기뻐하시는 삶이 어떤 것인지를 깨우치고, 성경에 등장하는 악인들의 악한 길로 가다가 실패를 되풀이해선 안 된다.

지혜로운 아들은 아비로 기쁘게 하거니와 미련한 아들은 어미의 근심이니라 **(잠 10:1)**

이 말씀은 '지혜로운 아들은 부모를 기쁘게 하고 미련한 아들은 부모의 마음을 상하게 한다.'로 번역할 수 있다. '기쁘게 한다'는 말은 하나님께 드려졌을 때 하나님이 기쁘시게 받으신다는 말이다. 의인과 지혜와 선과 기쁨이 함께 움직이듯이 악과 미련과 근심도 같이 움직인다. 의와 지혜와 선과 기쁨은 하나님의 속성이며, 악과 미련과 근심은 사탄의 속성이다.

여호와께서 의인의 영혼은 주리지 않게 하시나 악인의 소욕은 물리치느니라**(잠 10:3)**

불의한 자에게는 유익이 없다. 하나님은 의인의 영혼을 주리지 않게 하신다. 시편 34편 9-10절 말씀에도 '여호와를 경외하는 자들에게는 부족함이 없다. 젊은 사자는 궁핍하여 주릴지라도 여호와를 찾는 자는 모든 좋은 것에 부족함이 없다'고 한다. 결국 악인들은 갑작스럽게 멸망을 당하며, 그들이 소중히 여겼던 재물도 사라질 것이다.

불의와 재물은 함께 등장한다. 사람들은 돈 때문에 불의를 행한다. 자신의 유익을 추구하기 위해 공의를 버리고 불의를 행하는 것이다. 의인은 재물을 얻기 위해 공의를 버리지 않고, 자신이 손해를 보더라도 공의를 지킨다. 현실적으로 볼 때 불의를 행하는 자가 재물을 얻고 성공한 듯 보이지만, 공의를 지키는 자는 죽음에서 건져진다. 눈앞에 보이는 이익을 추구하는 자들은 쉽게 공의를 버리고 불의를 행하지만, 공의를 행하는 자는 마지막에 승리한다는 것이다.

잠 10:9-27

◇

바른 길로 행하는 자

바른 길로 행하는 자는 걸음이 평안하려니와 굽은 길로 행하는 자는 드러나리라 눈짓하는 자는 근심을 끼치고 입이 미련한 자는 멸망하느니라 의인의 입은 생명의 샘이라도 악인의 입은 독을 머금었느니라 미움은 다툼을 일으켜도 사랑은 모든 허물을 가리느니라 명철한 자의 입술에는 지혜가 있어도 지혜 없는 자의 등을 위하여는 채찍이 있느니라 지혜로운 자는 지식을 간직하거니와 미련한 자의 입은 멸망에 가까우니라 부자의 재물은 그의 견고한 성이요 가난한 자의 궁핍은 그의 멸망이니라 의인의 수고는 생명에 이르고 악인의 소득은 죄에 이르느니라 훈계를 지키는 자는 생명 길로 행하여도 징계를 버리는 자는 그릇 가느니라 미움을 감추는 자는 거짓된 입술을 가진 자요 중상하는 자는 미련한 자이니라 말이 많으면 허물을 면하기 어려우나 그 입술을 제어하는 자는 지혜가 있느니라 의인의 혀는 순은과 같거니와 악인의 마음은 가치가 적으니라 의인의 입술은 여러 사람을 교육하나 미련한 자는 지식이 없어 죽느니라 여호와께서 주시는 복은 사람을 부하게 하고 근심을 겸하여 주지 아니하시느니라 미련한 자는 행악으로 낙을 삼는 것 같이 명철한 자는 지혜로 낙을 삼느니라 악인에게는 그의 두려워하는 것이 임하거니와 의인은 그 원하는 것이 이루어지느니라 회오리바람이 지나가면 악인은 없어져도 의인은 영원한 기초 같으니라 게으른 자는 그 부리는 사람에게 마치 이에 식초 같고 눈에 연기 같으니라 여호와를 경외하면 장수하느니라 그러나 악인의 수명은 짧아지느니라

9절 | 바른 길로 행하는 자는 걸음이 평안하려니와
굽은 길로 행하는 자는 드러나리라

계속해서 의인과 악인이 맞이할 상이한 결과를 나타내는 대조적 표현으로, 지혜를 얻어 의롭고 정직하게 사는 것이 삶의 참된 목표가 되어야 함을 권면하는 교훈이다.

'바른 길로 행하는 자'란 직역하면 '단순하게 행하는 자'라는 뜻으로, 예수께서 말씀하신 것처럼 세상의 악에 때 묻지 않고 순수함을 지키는 생활, 즉 비둘기처럼 순결한 생활을 가리키는 표현이다(마 10:16). '드러나다'라는 말은 '알려지다'는 뜻으로, 은밀하게 모의된 악인들의 궤계가 만천하에 드러나 하나님과 사람 앞에서 수치를 당할 것을 이르는 것이다.

본 절에서는 '바른 길'과 '굽은 길'이 대조되며, 서로 다른 길을 걷는 사람의 인생이 어떻게 될 것인지 대립시킨다. '바른 길로 행하다'는 '진실되이 살다'(왕상 9:4), '진실한 마음으로 살다'(시 102:2)로, '행실이 온전하다'(잠 2:7, 10:9, 19:1, 20:7, 28:6)는 도덕적이고 윤리적인 의미로 주로 사용됐다. 그는 '굽은 길로 행하는 사람'과 대조된다. '굽다'는 원문에서 '비틀다'는 뜻이며, 의도적으로 나쁜 길을 걸으며 잠언이 말하는 정도에서 벗어난 길을 걷는 사람을 말한다(사 59:8).

바른 길을 걸어가면 안전하게 걷게 될 것이다(잠 1:33, 3:23-24, 4:10-19). 그러나 바른 길을 왜곡하는 사람은 결국 드러날 것이며(창 41:31; 삼하 17:19; 잠 12:16), 결과적으로 큰 해를 당할 것이다(잠 5:14).

10절 | 눈짓하는 자는 근심을 끼치고 입이 미련한 자는 멸망하느니라

'눈짓하는 자'란 '눈을 흘기는 자' 또는 '반복해서 눈을 찡긋하는 자'를 말하는데, 이것은 의인을 해치는 등의 악한 일을 실행에 옮기려는 악한 자들의 모의와 간계(奸計)를 나타내는 상징적 표현이다.

6절에서 10절까지는 언어가 말하는 본인에게 미치는 영향을 다루고 있는데, '입'으로 시작하고 입으로 끝낼 뿐 아니라(6, 8, 10절), '눈짓'이라는 새로운 요소를 가져온다. '눈짓하다'는 '눈을 흘기다'보다 원문에 가까우며, 눈을 통해 모종의 의사전달을 하는 모습이다. 어리석은 자는 '눈짓'으로 은밀한 신호를 하면서 다른 사람들이 눈치 채지 못하도록 악한 음모를 꾸미고 전달한다(시 35:19; 잠 6:13). 그는 다른 사람들의 속을 썩일 뿐 아니라 더 큰 사회적인 고통을 초래할 것이다(잠 15:13; 욥 9:28; 시 16:4, 147:3). 그러나 그 자신이 최종적으로 패망하는 결과를 당할 것이다(8절, 10절).

11절 | 의인의 입은 생명의 샘이라도 악인의 입은 독을 머금었느니라

사람이 하는 말은 모두 그 마음에서부터 나온다. 그러므로 마음이 선한 사람은 항상 남을 칭찬하고 위로하며 정직한 말을 내어 주위 사람들에게 생명수와 같은 기쁨과 평안을 준다. 반면에 악인은 시기, 모함, 거짓말 등 남에게 해를 입히는 독과 같은 말만 한다. 이는 언어생활 속에 나타나는 지혜를 얻은 자와 얻지 못한 자의 차이, 즉 의인과 악인의 완전히 상반된 언어생활을 묘사한다(잠 18:4-7).

한편 '악인의 입은 독을 머금었느니라'는 표현은 6절 후반부과 동일한 말이나 다른 의미로 사용되었다. 6절에서는 악인에게 돌아가는 치명적인 결과를 나타내는 말로, 악인의 말은 다른 사람에게 큰 해악을 준다는 의미를 나타낸다.

본 절에서는 '의인의 입'과 '악인의 입'이 대조되며, 전자는 '생명의 샘'으로, 후자는 '독의 샘'으로 비유한다. '샘'이란 생수를 한없이 쏟아내는 곳이며, 잠언에서 '생명의 샘'은 '지혜자의 가르침'(13:14), '주님을 경외함'(14:27), '지혜'(16:12)를 가리킬 때 사용된다. 의인은 그의 가르침을 받는 사람과 공동체에 생명을 지속적으로 공급해 주는 축복이 된다는 것이다.

그러나 '악인의 입'은 '폭력을 머금고 있다.' 그의 입가에는 미소가 있을지 몰라도 공동체를 와해시킬 수 있는 무서운 언어의 폭력이 감추어져 있다(잠 10:6). 전반절의 '샘'의 이미지를 후반절까지 연결시켜 보면, 악인의 입에서는 독이 쉴 새 없이 쏟아져 나오는 것을 그려볼 수 있다.

12절 **미움은 다툼을 일으켜도 사랑은 모든 허물을 가리느니라**[1]

1. '가리다'(כסה : 카사) : 11절에서는 '감추다'라는 의미로 사용되었으나 여기에서는 '덮다', '용서하다'라는 의미를 지닌다. 허물의 사함을 받는다는 것은 죄로부터의 구원을 의미하며, 본서에서는 '죽음으로부터의 구원'이라는 표현으로 나타난다.

전반절에서 '미움'은 의인화되어 잠복되어 있던 '다툼'(잠 6:14, 19)을 '깨어 일으키는 힘'으로 소개한다(욥 3:8; 사 14:9; 슥 9:13). 마치 다툼이 그동안 잠자고 있었는데 미움에 의해 점화되어 맹수처럼 일어나서 심각한 사회적 분쟁을 불러일으키는 모습을 연상시킨다. 잠언 29장 22절에서는 '분노'가 싸움을 일으키는데, 분노는 마음속에 있는 미움이 드러나고 표현된 것으로 볼 수 있다. 미워하는 마음은 서로 간에 다툼을 불러일으키고, 다툼은 다시 미움을 낳게 되어 끊임없는 분쟁의 악순환을 초래하여 결국 모두가 파멸에 이르게 한다.

'사랑은 모든 허물을 가린다'는 말은 신약의 사상(벧전 4:8)에 가까운 말이다. 원수라도 사랑으로 대한다면 완악한 마음이 녹아지고, 다툼이 사라져 화목하게 되고, 모두가 평화를 누릴 수 있다. 원수를 선대하는 것이 오히려 그 머리 위에 숯불을 올려놓는 것과 같다고 한 사도 바울의 말과 같이 사랑의 위대성을 증명해주는 것이다(롬 12:20).

앞 절은 '입에서 나오는 생명'과 '폭력'을 소개하며, 그것이 사랑과 미움이라는 내면적인 태도에서 솟아나오고 있음을 말해 준다. '미움'과 '사랑'은 히브리 시에서 자주 대구를 이루며 나타난다(시 109:5; 잠 10:12, 15:17; 전 9:1, 6; 삼하 13:15 참조). 사랑과 미움은 내면에 있는 감정이라기보다 언어생활과 연관된 행동으로 나타난다.

후반절은 전반절과 대조적으로 모든 허물을 가리는 사랑을 말한다. 여기에서 '허물'은 기본적으로 '반역'을 뜻하며, 개인과 공동체 사이에 있는 적대감을 뜻한다. 즉 서로를 향한 불신과 적대감도 사랑이 개입되면 해소될 수 있으며, 이웃과의 평화와 분쟁도 마음속에 있는 사랑과 미움에 따라 결정된다는 것이다.

본 절의 말씀과 더불어 기억해야 할 것은 허물을 덮는 사랑은 형제의 잘못을 견책하여 바른 길로 인도하는 것과 조화를 이루어야 한다는 것이다(레 19:17; 갈 6:1).

13절 | 명철한 자의 입술에는 지혜가 있어도 지혜 없는 자의 등을 위하여는 채찍이 있느니라

'명철한 자'와 '지혜가 없는 자'(잠 6:32)가 대조를 이루고 있다. '명철한 자'는 입술에서 지혜로운 말씀이 나온다. 그는 사리를 옳게 분별하고 다양한 상황을 철저하게 분석하며 올바른 방향을 찾아낸다. 그는 스승의 가르침에 주의하고 마음으로 받아들인 자이다(잠 1:5). 따라서 그는 지혜로운 말을 할 수 있다.

'지혜가 없는 자'는 스승과 지혜의 말씀에 귀 기울이지 않았기 때문에 그 대가를 지불할 것이다. 이것을 구체적으로 표현해주는 것이 그들의 '등'(사 50:6, 41:23; 잠 19:29, 26:3)에 '매'가 기다린다는 표현이다. 사람들은 '종'(출 21:20), '어리석은 자'(잠 26:3)와 '아들'(잠 13:24, 22:15, 29:15)을 교정하기 위하여 매를 드는데, 결과적으로 스승의 입술에서 나오는 말씀에 주의하지 않는 자는 누구나 매를 맞는다.

14절 | 지혜로운 자는 지식을 간직하거니와 미련한 자의 입은 멸망에 가까우니라

'지식을 간직하다'란 말은 쓸데없이 함부로 말하지 않고 꼭 필요하고 적당한 때에만 말하는 신중한 언어생활을 가리킨다. 이러한 신중한 생활을 통해 지혜로운 자는 다른 사람들로부터 신뢰와 인정을 받게 되는 반면에 미련한 자는 함부로 말하여 다툼과 분쟁을 일으킴으로써 남들의 비난과 원망을 받아 스스로 큰 곤경에 빠지게 된다.

앞 절에 이어 '입'과 '언어'의 주제가 계속되며, '지혜자'와 '미련한 사람'이 어떻게 말하는지에 대해 다루고 있다. 지혜자(잠 10:1)는 지식(잠 1:7)을 간직하고 있다(잠 2:1). 지식을 간직한다는 것은 그가 알고 있는 것을 잘 드러내지 않는다는 뜻이다. 인간의 본성을 거스르는 것이지만 지혜자는 이를 통해 위기상황을 벗어나게 됨을 말해 준다.

본 절 '미련한 사람의 입이 멸망에 가깝다'는 표현은 미련한 사람의 말 때문에 온 세상이 폭발하고 무너지게 될 것이라는 뜻이다(잠 13:3, 14:28, 18:7). 이런 관점에서 보면, '지혜자가 지식을 감추고 있다'는 것은 단지 겸손하다는 뜻이 아니라 자신이 알고 있는 것을 드러내지 않고 신중하게 행동함으로써 공동체의 평화와 자신의 안전을 잘 지킨다는 뜻으로 이해할 수 있다.

15절 | 부자의 재물은 그의 견고한 성이요
가난한 자의 궁핍은 그의 멸망이니라

본 절이 뜻하는 것은 부유함과 가난함 자체가 하나님 앞에서나 사람 앞에서 옳고 그름의 기준이 된다는 것이 아니다. 많은 재물이 때로는 어떤 재난에 대한 방지책이 될 수 있고, 역경과 불행을 이길 수 있는 활력과 자신감의 근거가 될 수 있다는 사실을 의미하는 비유적 표현으로, 근면하고 부지런하게 생활하여 재물을 모아야 함을 말해주고 있는 것이다.

잠언에서 '재물'은 항상 긍정과 부정의 양면성을 가진다. 열심히 일해서 재물을 모아야 하지만(잠 12:27, 13:7, 19:14, 29:3), 그것이 마치 절대적인 가치가 되는 것처럼 의지해서는 안 된다(잠 11:28, 27:24). 재물은 가치중립적인 것이다.

부자가 모은 재물은 '견고한 성'으로 묘사된다. '견고한 성'은 쉽게 침투할 수 없으며, 높은 성벽으로 둘러싸여 있고(잠 18:11), '문빗장'으로 굳게 닫혀 있기 때문에(잠 18:19) 매우 안전한 곳이다. 부자는 자신의 재물이 그의 인생을 굳게 지켜준다고 생각하지만, 그것이 공격하여 무너뜨릴 수 없는 성은 아니다.

그러나 가난한 자에게 있어서 빈곤은 '공포'가 된다. 두려움은 지속적인 심리 상태로 멸망에 대한 근심, 걱정, 염려 등을 포함한다(잠 10:14). 본 절에서는 부자의 '견고한 성'과 가난한 사람의 '두려움'이 대조 되면서 경제생활이 전쟁에 비유되고 있는 것이다.

16절 의인의 수고[1]는 생명에 이르고

악인의 소득은 죄에 이르느니라

1. '수고'(פְּעֻלָּה: 페울라) : 노동에 대한 '품삯', '보수'를 의미하는데, 이는 여호와의 상급을 나타내기도 했다. 의인의 수고는 의인이 이 땅에서 행한 공의로운 일들을 뜻하는 것으로 그것에 대한 상급은 생명이라고 말한다.

'의인의 수고'는 정당한 방법으로 수고하거나 노동하여 얻은 결과를 말하나 '악인의 소득'은 불의한 방법으로 땀 흘리지 않고 얻은 불의의 재물을 가리킨다. '죄'는 문자 그대로의 죄를 의미한다기보다는 앞의 '생명'과 대조를 이루는 말로, 죄의 결과로 오는 심판을 의미한다.

앞 절에서의 재물과 부의 주제가 계속되면서 본 절에서는 '의인'과 '악인' 및 특히 '소득'의 관점을 새롭게 보여준다. '의인의 수고'는 곧 의인이 애써 일하여 번 '소득'이다(렘 31:16; 대하 15:7). 그것은 바로 생명에 이른다. 생명은 추상적 개념이 아니라 하나님께서 주시는 건강, 명예, 자녀, 사업에서의 성공을 포함하는 높은 삶의 질과 내용이다. 즉 '의인의 수고'는 앞 절에 나온 부자가 견고한 성으로 생각하는 자신의 재산보다 더 높은 삶의 내용을 가진다.

그러나 '악인의 소득'은 자기 자신의 이기적인 욕망을 위해 남을 희생시키고 반사회적인 행동을 통해 모은 것이기 때문에 '죄'이다. '죄'는 윤리성을 포함하고 있으며, 결국 자신을 파멸로 이끌게 될 것을 시사해주고 있다.

본 절은 하나님께서는 재물의 양이 아니라 그 재물을 얻기까지의 정당한 방법과 성실한 노력의 유무를 기준으로 사람을 평가하신다는 사실을 말하는데, 사람의 생활에 있어서 성실과 정직이 하나님이 기뻐하시는 최고의 자세라는 교훈을 주고 있다.

17절 | **훈계를 지키는 자는 생명 길로 행하여도**
징계를 버리는 자는 그릇 가느니라

'그릇 가다'란 말을 '길을 잃다'라는 뜻으로 앞의 '생명 길로 행하다'와 대조를 이루어 생명 길을 찾지 못하고 방황하는 것을 의미한다. 교훈과 책망과 바르게 함과 의로 교육하기에 유익한 하나님의 말씀에 입각한 교훈과 견책을 버리고, 육체의 소욕을 좇아 사는 자는 생명 길을 찾지 못하고 끝내는 멸망할 수밖에 없다.

훈계의 중요성을 진술하는 17절은 이 단락의 서론으로 볼 수 있다. 본 절은 잠언서의 중심 주제인 스승의 가르침 문제를 한 번 더 열어 주며, 여기에서 주어지는 다양한 잠언들이 스승의 교훈과 연관되어 있음을 밝혀 주는 고리 역할을 한다.

결국 젊은 제자는 스승의 가르침을 받을 것인가, 혹은 버릴 것인가를 선택해야 한다. 만약에 받아들이고 지킨다면(잠 2:8) 그는 생명의 길로 갈 것이다. 앞에서 '생명의 샘'(11절)과 '생명'(16절)이 나온 것처럼 본 절에서는 '생명의 길'이 나와 생명과 죽음의 대비를 분명히 한다.

스승의 가르침을 따르는 제자는 어리석음이 가져올 모든 위태로운 길에서 벗어나 하나님이 주시는 풍성한 삶을 살 수 있다. 그러나 징계

(잠 1:23)를 버리는 자는 잘못된 길로 갈 것이다(잠 7:25). 그 자신이 죄와 유혹과 죽음의 길로 나아갈 뿐 아니라 다른 사람도 잘못 가게 할 것이다.

18절 **미움을 감추는 자는 거짓[1]된 입술을 가진 자요**
중상하는 자는 미련한 자이니라

1. '거짓'(שֶׁקֶר : 쉐케르) : 거짓말하는 입술과 혀, 거짓 맹세, 거짓으로 취한 음식과 관련하여 사용되었다. 하나님은 진실하시므로 거짓은 하나님의 백성이 지녀야 할 성품과는 부합되지 않는다.

'미워함을 감추는 자'는 상대를 미워하는 감정을 마음속에 감추고 겉으로는 온화한 태도를 보이나 속으로 보복을 꾀하는 자를 가리킨다. 이들은 비록 외형적으로는 자신을 철저히 제어하는 자처럼 보이지만 도덕적, 윤리적으로는 결코 용서될 수 없는 위선적인 요소를 갖추고 있다.

'중상하는 자'는 이리저리 돌아다니며 다른 사람을 근거 없이 중상하는 자를 말한다. 이들은 무익한 말로 다툼과 분쟁을 일으키기를 좋아하는 패역한 자들로, 이들의 참소 행위는 이웃은 물론 자신에게까지도 치명적인 해악을 끼치는 어리석기 짝이 없는 행동이다(잠 6:12-15).

한글 성경에서는 모두 이 절에 '거짓 입술을 가진 자'와 '미련한 자' 두 사람만 나오는 것으로 번역되지만, 몇몇 영어 번역에서는 '미련한 자' 한 사람만 나오는 것으로 번역된다. 구문론적으로 볼 때 '거짓말로 미움을 감추는 사람과 남을 중상 모략하는 사람은 미련한 사람이다'로 번역되어야 한다. 달리 말하자면 '거짓말'이 '미움을 감추다'와 '중상 모략하다'에 둘 다 걸리는 것이다. 시적인 관점에서 보자면 '감추다'와 '드러내다'가 좋은 대조를 이룬다.

'거짓말하는 입술'(잠 10:8, 10), '미움'(잠 1:22, 10:12), '감추다'(잠 10:6, 11, 12)는 잠언에서 자주 등장하는 주제이다. '중상하다'는 상대방에게 치명상을 주기 위해 만들어진 거짓된 고발이다(시 31:14; 잠 25:10; 렘 20:10). 정당한 근거 없이 남의 명예를 손상하며 공동체 안에 큰 분란을 가져오는 사람은 어리석은 사람이라는 것이다.

19절 | **말이 많으면 허물을 면하기 어려우나**
그 입술을 제어하는 자는 지혜가 있느니라

본 절은 야고보서 1장 26절, 3장 2-12절과 일맥상통하는 교훈으로 신중하고 조심스러운 언어생활, 즉 쓸데없는 말을 삼가함으로써 불필요한 오해와 비방을 받지 않는 것이 다른 사람들에게 신뢰와 인정받는 현명한 처사라는 것을 보여준다. 말을 많이 하다 보면 자연히 실수하게 마련이고, 자신의 허물을 드러내지 않을 수 없다. 때문에 혹자는 침묵하면 한 가지 죄를 지을 수 있는 것을, 말을 많이 함으로써 백 가지 죄를 짓게 된다고 말하기도 했다.

반의적 평행법으로 구성된 이 절은 '말이 많음'과 '입술을 조심함'이 '허물을 면하지 못함', '지혜로움'과 대구를 이루고 있다. '말이 많아지다'는 급하게 하거나 과장하거나 자신만만하게 하는 상황을 나타낸다. 말이 많아지면 생각의 표현을 정확하게 하지 못하며, 결과적으로 허물이 더 많아지게 된다. 말을 조심하는 사람은 말의 이러한 치명적 권세를 알기 때문에 지혜가 있다고 말할 수 있는 것이다.

20절 의인의 혀는 순은[1]과 같거니와
악인의 마음은 가치가 적으니라[2]

1. '순은'은 불로 제련된 순수한 은을 뜻한다.
2. '가치가 적다'(מְעַט : 메아트) : '아주 작다'는 말로 순은에 비할 때 아무런 가치 없는 것을 뜻한다. 거짓말하는 입술과 혀, 거짓 맹세, 거짓으로 취한 음식과 관련하여 사용되었다. 하나님은 진실하시므로 거짓은 하나님의 백성이 지녀야 할 성품과는 부합되지 않는다.

계속해서 언어생활을 통해 드러나는 의인과 악인, 곧 지혜로운 사람과 미련한 사람의 차이를 설명한다. 본 절은 의인의 말은 진실되고 남에게 위로와 평안을 가져다줌으로 그 가치를 크게 인정받지만, 악인의 말은 남을 해치고 분쟁을 일으키는 등 아무 가치가 없다는 교훈을 주고 있다.

'의인의 혀'(시 37:30; 잠 10:31 참조)와 '악인의 마음'을 '순수한 은'과 '쓰레기'로 각각 값을 매기고 있다. 혀와 마음은 인간의 의사소통에서 서로 뗄 수 없는 관계를 가진다. 말은 마음에서 나오기 때문에 말을 통해서 마음을 알게 된다. 의인의 혀는 의인의 마음에서 나오며, 그 가치는 최고의 은과 같고 어디에서나 유통될 수 있다. 그러나 악인의 마음에는 온갖 간계를 통해 죄와 폭력밖에 만들어 내는 것이 없기 때문에 무가치하다.

21절 | 의인의 입술은 여러 사람을 교육하나 미련한 자는 지식이 없어 죽느니라

앞 절의 '의인의 혀'는 이 절에서 '의인의 입술'로 연결되며, 여러 사람을 교육하는 기능을 갖고 있다. '교육하다'는 목양의 은유에서 나온 것으로 '양들을 먹이다'는 기본적인 뜻이 있다. 즉 의인은 많은 사람을 정신적 양식으로 먹인다. 19절에서 말이 많으면 허물을 면할 수 없었는데, 이것은 본 절의 의인의 입술은 말이 비록 적어도 많은 사람을 교육할 수 있다는 말과 강하게 대조가 된다.

전반절에서의 의인의 언어생활과는 대조적으로, 후반절에 '미련한 자는 지식이 없으므로 죽을 것이다'가 제시된다. 미련한 자의 죽음은 본 절에서 특히 비극적이다. 왜냐하면 의인이 많은 사람들에게 생명의 양식을 주는데도, 미련한 자는 지식의 유익함을 몰라서 결국 굶어 죽기 때문이다.

22절 여호와께서 주시는 복은 사람을 부하게 하고
근심[1]을 겸하여 주지 아니하시느니라

1. '근심'(עֶצֶב : 에체브) : '상처', '수고' 등을 의미하는 명사로 재물로 인한 근심과 불안 등의 감정을 나타낸다. 그러한 것들은 여호와께서 주시는 복과 상반되는 것으로 여호와께서는 자기 백성들에게 결코 그러한 것들을 더하여 주지 않으신다.

세상이 주는 재물은 얻는 데나 지키는 것에 있어서 불안과 근심이 있지만, 하나님께서 주시는 복은 하나님의 은혜와 사랑에 기초하기 때문에 결코 근심을 주지 않는다. 이렇게 볼 때 본 절은 결국 지혜자가 누리는 말할 수 없는 축복된 생활을 나타낸 것이다.

'주님이 주시는 복'이 중심주제로 강조되고 있으며 구문론적으로 본다면 주님의 복, 그것이 부유하게 한다는 점이 강조된다. 한 걸음 더 나아가, 주님이 주시는 복은 근심을 주지 않는다는 점을 강조함으로써, 주님의 축복으로 주신 부에는 고통이 함께하지 않음을 부각시키고 있다.

전반절은 주님께서 모든 부의 궁극적인 원천이심을 천명한다(삼상 2:7-9; 시 113:5-9). 그러나 사람의 노력이 불필요하다는 뜻은 아니다. 전체적인 문맥을 살펴보면, 주님께서는 의인의 부지런한 수고에 복을 주셔서 그를 부유하게 하신다고 말하고 있다(잠 10:1-4, 11:24-25).

'그와 함께 근심을 겸하여 주지 않는다'고 할 때, 여기서 '그'는 '(의인의) 부요함'을 말한다. 즉 의인은 열심히 일해 부유하게 되지만 그것은 고통스럽게 일해 스스로 얻은 것이 아니라는 것이다. 그는 주님을 의지하며 자신에게 맡겨진 일에 감사하고 집중하며 헌신하여 기쁘게 살았으며, 그러는 사이에 재물이 모이게 된 것이다.

23절 | 미련한 자는 행악으로 낙을 삼는 것같이
명철한 자는 지혜로 낙을 삼느니라

미련한 자와 지혜로운 자의 대조되는 생활 모습을 부각시킴으로 그들에게 장차 상이한 심판이 임할 것임을 암시해 주는 교훈이다. 한편 '명철한 자'는 단순히 어떤 사물에 대한 깊이 있는 지식과 명석한 두뇌만을 가진 자를 가리키지 않고 여호와를 경외함으로 선하고 정직한 삶을 살아가는 사람을 뜻하는데, 결국 지혜자를 가리키는 다양한 표현 중 하나이다.

본 절은 앞 절과는 무관하며 '미련한 사람'과 '명철한 사람'의 일반적인 대조를 제시하는 것 같지만, '노동'과 '축복'의 관점에서 보는 것이 더욱 적절하다. 미련한 사람은 악을 행하는 것을 즐긴다는 것에서 그의 행위가 부각된다. '악'은 파렴치한 행위를 말하며 간음과 근친상간(삿 20:6; 렘 13:28; 욥 31:11; 레 18:17 등), 살인(호 6:9) 등에 해당한다. 미련한 사람은 이런 저열한 죄들에 즐거움을 느낀다. 즐거움이란 단어는 원래 '웃음'으로, 도덕적으로 용납될 수 없는 죄에 대하여 키득거리며 좋아하는 모습을 보여준다.

후반절에는 전반절과 대조적으로 '지혜를 즐거워하는 명철한 사람'이 나온다. 명철한 사람이 지혜를 즐거워하는 것은 단지 추상적인 지혜를 지적으로 즐기지 않고 지혜로운 행동과 삶을 실천하는 것을 좋아한다는 뜻이다. 본 절에서는 두 종류의 즐거움이 대조되며, 미련한 자와 명철한 자는 서로 즐거워하는 일과 놀이가 다름을 잘 보여주고 있다.

24절 | 악인에게는 그의 두려워하는 것이 임하거니와
의인은 그 원하는 것이 이루어지느니라

노동의 주제가 계속 이어지고 있다.

악인은 앞 절의 '악행을 즐기는 미련한 사람'으로, 마음속에 있는 두려움을 떨칠 수가 없었다(사 66:4; 시 34:4). 양심의 가책과 저지른 악행의 결과가 그에게 미칠 것을 두려워하는데, 드디어 그것이 찾아오고 있는 것이다. 임한다, 즉 찾아온다는 것은 심판의 불가피성을 강조해 준다. 반면 의인에게는 바라던 것이 이루어지게 된다. 의인은 그의 소망을 주님의 은혜로 열심히 일하면서 이루고자 하며, 물론 여기에 교만함이나 불법은 없다. '이루어지다'는 신적인 수동태로서 '주어질 것임'을 강조하는 표현이다(잠 1:4).

의인이 원하는 것이 이루어지는 이유는 그가 근본적으로 세상의 부귀영화나 자신의 분수에 맞지 않는 헛된 것을 구하지 않기 때문이다. 의인은 하나님의 주권을 인정하고, 하나님의 뜻에 따라 살기를 소망하며 그러한 소망을 기초로 하여 그에 걸맞게 산다. 그러나 악인은 항상 헛되고 무익한 것에 소망을 두고 그것을 얻기 위해 수단과 방법을 가리지 않기 때문에 비록 그가 바라던 것을 이룰지라도 범죄의 결과로 생겨난 두려움으로 인해 만족한 삶을 살 수 없다. 악인은 결국 가진 것을 모두 잃고 자신이 두려워하던 대로 하나님의 진노의 심판을 받아 완전한 멸망에 빠진다.

결국 본 절은 의인과 악인에 대한 하나님의 보응은 절대적으로 공평하며 공의로우시다는 사실을 시사하고 있으며 사람의 참된 행복은 하나님의 말씀과 교훈을 순종하는 데 달려 있음을 교훈해준다.

25절 **회오리바람[1]이 지나가면 악인은 없어져도**
의인은 영원한 기초[2] 같으니라

1. '회오리바람'은 하나님의 심판을 비유적으로 묘사한 것이다.
2. '기초'(יְסוֹד : 예소드) : 성읍이나 제단의 기초를 뜻하며, 집의 기초까지 드러난다는 것은 악인에 대한 하나님의 심판이 강렬할 것임을 나타내는 표현이다. 그러나 의인은 영원히 드러나지 않는 기초와 같이 든든할 것이다.

악인은 환난을 당할 때 평상시 행했던 그의 악행 때문에 하나님과 사람으로부터 아무 도움도 얻지 못한다. 그가 믿고 의지하던 불의한 재물도 그를 구하지 못하기 때문에 결국 멸망할 수밖에 없다. 그러나 의인은 진리의 터 위에서 있을 뿐만 아니라 하나님께서 지켜 주시므로 결코 흔들림이 없다(마 7:24). 그래서 시편 기자는 의인의 행사는 다 형통하지만 악인은 바람에 나는 겨와 같다고 고백했다(시1:3-4).

'악인'과 '의인'의 대조가 현실에서부터(24절) 영원한 결과로 넘어간다. 두 사람의 미래는 '회오리바람'으로 시험 받는다. '회오리바람이 지나다'는 뒤에 이어지는 말을 꾸며준다. 무서운 시험의 바람이 지나갈 때 악인은 없어지지만 의인은 굳게 설 것이다. 폭풍은 하나님의 심판을 가리키는 은유다(잠 1:27; 사 21:1; 시 83:16 등). 악인은 폭풍이 지나가자마자 갑작스럽고 완전하게 사라져 버리지만 의인은 영원한 기초처럼 견고하게 서 있는 것이다.

26절 | 게으른 자는 그 부리는 사람에게
마치 이에 식초 같고 눈에 연기 같으니라

초가 이를 시리게 하고 불을 피울 때 나는 연기가 눈에 눈물을 흘리게 만드는 것처럼, 게으른 종은 주인에게 아무런 유익을 주지 못하고 도리어 고통과 근심만 안겨 준다는 것을 의미하는 비유적 표현이다. 게으른 종은 결국 주인의 형벌을 받을 수밖에 없는데, 예수님께서도 무익하고 게으른 종이 맞이할 결과가 매우 비참한 것임을 경고하셨다(마 25:30).

본 절에서는 갑작스럽게 '게으른 사람'이 등장하며 문맥의 흐름을 깨뜨리고 있다. 이 절은 10장에서 유일하게 삼행으로 쓰여 있다. 25절이 '회오리바람이 지나자마자'로 시작되며, 본 절에서는 '…와 같다'가 반복되기 때문에 두 절이 연결되는 것으로 보인다. 이런 이중적인 '비교'는 강조를 위함이다.

'게으른 사람'은 '그를 보낸 사람'에게 치명적이다. 여기 '보내다'는 고대 근동 아시아에서 '왕의 사신'을 가리킬 때 사용되는 용어이다. 당시 왕의 사신은 매우 높은 사회적 신분을 가진 사람으로, 왕의 가장 깊은 생각에 참여하여 신임을 얻고 또한 가장 어려운 일을 맡기도 했다. 궁궐의 사람들과 깊은 친분을 가진 사람이 게으르다면 왕과 나라에 미치는 영향은 치명적인 것이다. 현재 잠언의 맥락에서는 이는 모든 종류의 '고용자'를 가리킬 수 있다.

게으른 사람은 '(좋지 않은) 이'에 식초와 같다. '초'는 너무나 시어서 마실 수 없는 것으로, 가끔 고통 가운데 있는 사람이 먹고 마시는 고통스러운 음식을 상징한다(시 69:21; 마 27:48). 즉 게으른 사람은 그를 고용한 사람에게 전혀 예상할 수 없는 상태에서 고통을 가져다준다는 것이다.

'눈에 연기'는 옛날에 식사를 준비할 때 불을 지피던 관습을 반영하며, 눈에서 눈물을 흘리는 장면을 연상시킨다. 게으른 사람은 도덕적 책임감이 없어 결국 그를 고용한 사람의 신경을 고도로 거슬리게 하며, 아픔과 상처와 손해를 끼치게 됨을 말하고 있는 것이다.

27절 | 여호와를 경외하면 장수하느니라
그러나 악인의 수명은 짧아지느니라

본서 전체에서 자주 언급되는 교훈으로(잠 3:2, 9:11, 14:27), 의인은 하나님의 축복을 받아 이 땅에서도 장수를 누리는 반면 악인은 하나님이 내리는 진노의 심판을 받아 쉽게 멸망할 것이라는 교훈이다.

‘여호와를 경외함’(시 19:9, 34:11, 111:10; 잠 1:7, 2:5, 8:13, 9:10, 10:27, 14:27, 15:33, 19:23, 22:4, 31:30; 사 33:6)은 지혜문학의 중심 주제이며, 여기에서는 ‘악인’과 대비되고 있다. 평행법의 관점에서 본다면 ‘주를 경외함’과 ‘악인’의 대비는 불충분하며, 완전한 대구를 위해서는 ‘여호와를 경외함’과 ‘악을 사랑함’으로 표현되어야 할 것이다(시52:3 참조). 현재의 문장에서 ‘악인’은 ‘여호와를 경외하지 않는 자’를 암시한다고 보여진다.

주님을 경외하면 주님은 ‘날’(잠 3:2)을 더하여 주신다고 약속하신다. 이런 사람은 주님을 의지하면서 마음을 편히 가지고 건강한 몸을 유지하며 성실하게 인생을 살기 때문이다. 그러나 악인의 수명(잠 3:2)은 짧아질 것이다. 그는 경건이 주는 유익을 모르기 때문에 짧은 인생조차도 고통 가운데 살 것이다.

27절은 잠언 전체의 핵심을 이루는 사상 가운데 하나로, 의인은 하나님의 축복을 받아 이 땅에서도 장수하는 반면 악인은 하나님이 내리는 진노의 심판을 받아 쉽게 멸망한다는 교훈을 주고 있다.

한 번 더 생각하기

의인의 말은 진실되고 사람이 마땅히 행해야 할 바른 도리와 지혜로운 삶의 길을 보여줌으로 남들을 진리와 생명의 길로 인도한다. 그러나 미련한 자는 다른 사람들을 진리와 생명의 길로 인도하지 못할 뿐만 아니라 그 자신 역시 무지와 죄 속에서 생명의 길을 찾지 못하고 잘못된 길을 가게 되어 결국 멸망에 이르게 된다(호 4:6).

성경은 건강하게 오래 살기 위한 보다 확실한 방법은 오직 하나님을 경외하는 길임을 말하고 있다. 여호와를 경외한다는 것은 하나님을 가까이하며 진심으로 그를 존경하고 사랑하는 신앙적 삶을 말한다. 즉 이런 신앙적 자세를 가지고 살아가는 사람이 장수의 복을 누릴 수 있다는 것이다.

잠 10:28-32

◇

꿈의 보상과 삶의 태도

의인의 소망은 즐거움을 이루어도 악인의 소망은 끊어지느니라 여호와의 도가 정직한 자에게는 산성이요 행악하는 자에게는 멸망이니라 의인은 영영히 이동되지 아니하여도 악인은 땅에 거하지 못하게 되느니라 의인의 입은 지혜를 내어도 패역한 혀는 베임을 당할 것이니라 의인의 입술은 기쁘게 할 것을 알거늘 악인의 입은 패역을 말하느니라

28절 | 의인의 소망은 즐거움을 이루어도 악인의 소망은 끊어지느니라

27절에서 의인과 악인의 운명이 길고 짧은 인생의 길이로 대비를 이루었다면, 본 절에서는 만족도로 비교되고 있다. 의인은 그 바라는 바가 결국 모두 이루어지기 때문에 인생에서 기쁨을 맛볼 것이다. 그의 바람은 하루아침에 이루어지지 않겠지만 궁극적으로 성취되기 때문에 그에겐 큰 기쁨이 있다. 물론 그의 현실이 어려울 수 있지만 기쁜 날을 바라보고 살았기 때문에 결국 소원이 성취되는 것을 볼 것이다.

반면 악인의 소망은 망할 것이다(시 1:6).

의인의 소망은 진실되고 자신만이 아닌 남들에게도 유익하므로 하나님께서 돌보시고 이루게 하신다. 때문에 의인은 소망 중에 즐거워할 수 있다(롬 12:12). 그러나 이기적이고 불의한 것을 바라는 악인의 소망은 결코 이루어지지 않을 뿐더러 그는 하나님의 영원한 생명에서 끊어질 것이다(시 112:10).

29절 **여호와의 도가 정직한 자에게는 산성이요**
행악하는 자에게는 멸망[1]이니라

1. '멸망'(מְחִתָּה : 메히타) : 본서에서 미련한 자의 입과 관련하여 사용된 단어로서 물리적 의미와 추상적인 의미에서의 파괴 모두를 나타낸다. 악인은 환난의 날에 피난처를 찾지 못하고 죽음을 맞이하게 된다는 사실을 보여준다.

앞 절과 마찬가지로 하나님의 공의의 완전성을 부각시키는 말씀이다. '여호와의 도'란 하나님께서 주신 모든 율법과 규례를 가리킨다. 하나님께서는 사람이 각기 행한 대로 심판하시기 때문에 율법과 규례는 그것을 행한 사람에게는 축복의 증거가 되지만, 무시하고 행치 않은 사람들에게는 멸망의 증거가 된다.

'여호와의 도'는 주님의 구원사역(사 40:3, 43:16)과 창조사역(잠 8:22)을 가리키지만, 여기에서는 주님의 도덕적인 뜻과 율법을 가리킨다(렘 5:4, 5). 즉 주님은 이 세상의 도덕적 · 윤리적 질서를 유지하시는 분이

시다. 주님의 진리는 흠이 없는 사람에게 견고한 산성이다(시 27:1, 28:8, 31:3, 90:1 등).

흠이 없는 사람은 폭풍에서도 견고하게 서 있을 수 있다(잠 10:25). 그러나 동일한 주님의 잣대가 악을 행하는 자에게는 두려움과 파멸이 된다(잠 10:14, 15). 의인은 주님의 법도 안에서 참된 보호를 받지만 악인은 그것을 깨뜨리기 때문에 심판을 받을 것이다.

30절 | 의인은 영영히 이동되지 아니하여도
악인은 땅에 거하지 못하게 되느니라

이스라엘 사람들에게 가나안 땅은 하나님의 축복의 상징이며 구원받은 자만이 들어갈 수 있는 언약의 땅으로 인식되었다. 본 절은 바로 이와 같은 사상을 반영한 것으로, 의인은 하나님의 축복을 받아 하나님께서 허락하신 기업에서 영영히 살 것이나 악인은 하나님의 기업에서 쫓겨나게 될 것을 말하고 있다. 이 교훈은 이스라엘 백성들이 범죄했을 때 가나안 땅에서 쫓겨나 앗수르와 바벨론 등으로 포로로 잡혀감으로써 그 진실성이 입증됐다.

'영영히'는 본 절의 백미며 이 연의 대미를 장식해 준다. 여기서 악인과 의인의 삶과 가치는 크게 대비된다. 의인은 영원히 뒤집히지 않을 것이다(시 15:5, 30:7, 112:6). 그러나 악인은 땅에 오래 살지 못할 것이다(잠 2:21-22). 의인과 악인의 영원한 운명 대비는 지혜문학의 기본적인 주제다.

31절 **의인의 입은 지혜를 내어도[1]**

패역한 혀는 베임을 당할 것이니라[2]

1. '내다' : 기본적으로 '열매를 맺다', '자라다', '많아지다'는 뜻으로(시 62:10, 92:14), 본 절에서는 지혜로운 말이 쏟아져 나와서 올바른 삶이 이루어진다는 것을 시사해 준다.
2. '베임을 당하다'(כָּרַת : 카라트) : 은유적인 용법은 사람이나 공동체를 멸절시키는 것을 나타낸다. 나무가 베임 당하는 것은 열매가 없기 때문이며, 의인의 입과는 달리 악인의 입에서는 지혜가 아니라 악이 쏟아져 나오기 때문에 악인의 혀는 베임을 당한다.

21절과 거의 같은 의미의 교훈을 주고 있다. 의인은 하나님께 받은 지혜로 선을 행하고 남들에게 유익한 지혜를 가르치나, 패역한 자는 거짓을 말하고 분쟁을 일으켜 남을 해침으로 스스로의 죄의 대가로 멸망을 초래하게 된다.

입과 혀는 지혜문학에서 한 쌍의 단어로 자주 나온다(잠 15:2, 21:23, 26:28, 31:26; 시 92:13-15). '의인의 입'은 관용구로 자주 등장하지만(잠 10:11, 31; 시 37:30), '패역한 혀'는 딱 한 번, 본 절에서 언급된다. 입과 혀는 두 단어 모두 '말, 언어'에 대한 환유로 쓰인 것이다.

지혜로운 말과 언어를 통해 가정과 사회가 견고하게 서가고 있는 전반절과 대조적으로, 후반절에는 패역한 혀가 베이는 모습이 제시된다. 혀가 잘려지는 모습은 주님께서 악인의 모든 주장을 폐기하실 것을 말해 준다. 주님께서 이 세상의 도덕적 질서를 유지하고 계시기 때문이다.

32절 | 의인의 입술은 기쁘게 할 것을 알거늘
악인의 입은 패역을 말하느니라

의인은 하나님의 은혜를 입어 지혜를 말함으로 하나님과 사람들을 기쁘게 하지만, 악인은 패역하고 거짓된 말만 하기 때문에 하나님과 사람들로부터 저주와 비난의 대상이 될 것이다. 결국 지혜자는 사람은 하나님의 은혜 속에서 지혜롭게 설 때만이 하나님을 비롯해 모든 사람들에게 참된 기쁨을 줄 수 있다는 사실을 교훈하고 있다.

그리고 언어생활을 통해 사람의 됨됨이를 알 수 있음을 말하고 있다. '의인의 입술'(잠 10:21)은 '악인의 입'(잠 10:6, 11)과 대조를 이루며, 입과 입술을 통해 언어생활을 시사하고 있다. '기쁘게 할 것을 안다'는 원문에서 '기쁨을 안다'이지만 '무엇이 적절한 말인지 안다'는 뜻으로 이해할 수 있다. 의인은 주님과 사람에게 은혜를 입는 말이 무엇인지를 안다는 것이다.

'패역'은 구체적으로 악한 꾀를 말한다(잠 2:12, 14, 6:14, 16:28, 30, 23:33). 원문에서 보면 '알다'는 전반절에만 나오지만 후반절까지 확대되어 적용된다.

한 번 더 생각하기

의인의 꿈과 악인의 꿈은 전혀 다르다. 본문에서도 의인의 소망과 악인의 소망이란 단어가 나오지만, 이는 같은 소망이 아니다. 의인의 소망은 헬라어로 '토헬레트'로, '소망, 희망, 기대'를 의미한다. 반면에 악인의 소망은 헬라어로 '티크와'로, '소망, 희망, 기대'를 의미하지만 '새끼, 끈, 줄'을 의미하기도 한다. 즉 끊어지는 소망인 것이다. 악인의 소망은 이루어지지 않는 꿈일 뿐이다. 악인의 꿈은 의인의 꿈을 표절한 사이비일 뿐이다. 표절은 '빼앗다, 훔치다, 겁주다'는 의미의 표剽와 '도둑질'을 말하는 절竊이 합해진 말이다. 두 글자 모두에 도둑질의 의미가 들어 있다는 것이 의미심장하다. 국립국어원 표준국어대사전에는 표절을 '시나 글, 노래 따위를 지을 때 남의 작품 일부를 몰래 따다 씀'으로 정의한다. 즉 한자어와 사전적 의미를 미뤄 볼 때 표절을 '빼앗듯이 한 도둑질' 쯤으로 해석해도 큰 무리가 아니다.

표절은 겉은 비슷하나 속은 완전히 다른 사이비似而非와도 통한다. 공자는 특히 사이비를 미워했다("孔子曰 惡似而非者.", 『논어』). 말만 번지르르한 사람은 신의를 어지럽힐까 두려워서고, 자줏빛은 붉은 빛을 어지럽힐까 해서 미워한다는 것이다. 표절 역시 사이비처럼 겉은 그럴듯하지만 속은 전혀 그럴듯하지 않다. 의인의 꿈을 표절한 악인의 꿈은 이루어지지 않는다. 겉으로는 이루어지는 것 같으나 실상은 전혀 이루어지지 않는 것이다.

악인은 번성하는 것 같으나 곧 사라진다. 결코 하나님이 인정하지 않으신다. 마치 잘 자라는 것 같으나 오래지 않아 뽑히고 마는 나무와 같다. 평소에는 잘 자라는 것 같지만 시련과 어려움이 오면 뽑히고 만다. 악인의 인생은 마치 바람에 나는 겨와 같은 것이다.

의인이 꿈을 이루고 번성하며 요동치 않는 것은 '여호와의 도', 즉 여호와의 말씀 때문이다. 여호와의 말씀은 의인에게 산성과 같다. 피난처가 된다. 산성 안에 있는 자는 모든 외부의 공격으로부터 보호를 받는다. 여호와의 말씀은 의인에게 모든 양식을 공급한다. 하나님께서 말씀으로 위로하시며 격려해 주시고 힘이 되어 주신다. 의인은 말씀을 통해 모든 보상을 받는다.

'여호와의 도'란 하나님께서 주신 모든 율법과 규례를 가리킨다. 하나님께서는 사람이 각기 행한 대로 심판하시기 때문에 율법과 규례는 그것을 행한 사람에게는 축복의 근거가 되지만, 그것을 무시하고 행하지 않는 사람들에게는 멸망의 근거가 될 것이다.

참고문헌

• 김정우, 『대한기독교서회 창립 100주년 기념 성서주석 19, 잠언』, (대한기독교서회, 2007)
• 강병도 편저, 『카리스종합구약주석, 잠언』, (기독지혜사, 2014)
• 한명수 편저, 『리더스 바이블 리포트, 욥기 · 잠언』, (제자원, 2002)
• 제자원 편저, 『그랜드 종합 성경주석, 잠언 · 전도서 · 아가 · 이사야』, (성서교재간행사, 1994)
• 김기령, 『평신도를 위한 잠언주석』, (한들출판사, 2004)
• 맥스 앤더스, 『메인아이디어로 푸는 잠언』, 마영례 역, (디모데, 2007)
• 시드 부젤, 『잠언』, 김태훈 역, (두란노, 1987)

잠언, 지혜를 말하다

지은이 민찬기

2018년 2월 1일 1판 1쇄 펴냄

펴낸곳 도서출판 예수전도단
출판 등록 1989년 2월 24일(제2-761호)
주소 서울특별시 마포구 성지 1길 7 (합정동)
전화 02-6933-9981 · **팩스** 02-6933-9989
전자우편 publ@ywam.co.kr
홈페이지 www.ywampubl.com

ISBN 978-89-5536-563-4

책값은 뒤표지에 있습니다.
잘못된 책은 바꾸어 드립니다.